Pascal Scholz
Die Weisheit Mahatma Gandhis:
Inspirationen für eine Welt im Wandel

Pascal Scholz

DIE WEISHEIT
MAHATMA GANDHIS
INSPIRATIONEN
FÜR EINE WELT IM WANDEL"

Impressum

Bibliografische Information der Deutschen Nationalbibliothek:
Die Deutsche Nationalbibliothek verzeichnet diese
Publikation in der Deutschen Nationalbibliografie;
detaillierte bibliografische Daten sind im Internet
über http://dnb.dnb.de abrufbar.

Herstellung und Verlag:
BoD – Books on Demand, Norderstedt

ISBN: 978-3-7597-1553-1

INHALTSVERZEICHNIS

I

Vorwort
das von Gandhi selbst stammen könnte:

Liebe Leserinnen und Leser,

in einer Welt, die von Konflikten und Unruhen geprägt ist, halte ich es für dringend notwendig, die Prinzipien der Gewaltlosigkeit, der Toleranz und des Mitgefühls zu betonen. Es ist meine feste Überzeugung, dass wir durch die Verinnerlichung dieser Werte einen Weg zu einem friedvolleren und harmonischeren Zusammenleben finden können.

Mein Leben war geprägt von einem unerschütterlichen Glauben an die Macht der Wahrheit und der Liebe. In meinen Bemühungen, für die Unabhängigkeit Indiens zu kämpfen und soziale Ungerechtigkeiten zu bekämpfen, habe ich stets auf die Kraft der Gewaltlosigkeit gesetzt. Gewalt kann niemals langfristigen Frieden und Wandel bringen; sie lässt nur Leid und Zerstörung zurück.

In diesem Buch finden Sie keine komplizierten Theorien oder abstrakten Ideen. Stattdessen teile ich mit Ihnen einfache und praktische Ratschläge, wie Sie die Lehren der Gewaltlosigkeit und des Mitgefühls in Ihrem eigenen Leben anwenden können. Denn ich glaube fest daran, dass der Wandel, den wir in der Welt sehen wollen, zuerst in unseren eigenen Herzen beginnen muss.

Möge dieses Buch Ihnen dabei helfen, Ihre eigenen inneren Stärken zu entdecken und einen Beitrag zu einer besseren Welt zu leisten. Mögen wir gemeinsam den Weg des Friedens und der Liebe beschreiten.

Mit herzlichen Grüßen,

Mahatma Gandhi

Wer war Mahatma Gandhi?

Mahatma Gandhi, geboren am 2. Oktober 1869 in Porbandar, Gujarat, war ein indischer Rechtsanwalt, politischer Aktivist und spiritueller Führer, der für seine Rolle im indischen Unabhängigkeitskampf und seine Prinzipien des gewaltlosen Widerstands weltweit bekannt ist. Sein Geburtsname war Mohandas Karamchand Gandhi, und später wurde er als "Mahatma" (Großer Geist) bekannt, ein Ehrentitel, den ihm Rabindranath Tagore verlieh.

Gandhi entstammte einer hinduistischen Familie des Vaishya-Kastens und erhielt eine traditionelle Erziehung in seinem Heimatdorf und später in England, wo er Jura studierte. Nach seinem Abschluss kehrte er nach Indien zurück, um als Anwalt zu arbeiten, zunächst in Bombay und später in Südafrika, wo er sich für die Rechte der indischen Gemeinschaft einsetzte und erstmals mit rassistischer Diskriminierung konfrontiert wurde. Seine Erfahrungen in Südafrika prägten seine Überzeugung von der Gewaltlosigkeit und beeinflussten seine späteren Aktivitäten in Indien.

Nach seiner Rückkehr nach Indien im Jahr 1915 wurde Gandhi zu einer führenden Figur im Kampf für die Unabhängigkeit von der britischen Kolonialherrschaft. Er entwickelte die Philosophie des Satyagraha, des gewaltlosen Widerstands, der auf der Überzeugung beruht, dass Wahrheit und Liebe stärker sind als Gewalt. Gandhi führte zahlreiche Kampagnen des zivilen Ungehorsams und des gewaltlosen Protests gegen die britische Herrschaft durch, darunter die Salt-March, bei der er 1930 symbolisch Salz aus dem Meer sammelte, um gegen das von den Briten verhängte Salzmonopol zu protestieren.

Gandhi war nicht nur ein politischer Aktivist, sondern auch ein Verfechter des sozialen Wandels und der religiösen Toleranz. Er setzte sich für die Beseitigung von sozialen Missständen wie der Kastendiskriminierung ein und befürwortete die Gleichberechtigung von Frauen. Seine Philosophie der Einfachheit und Selbstlosigkeit inspirierte Millionen von Menschen in Indien und auf der ganzen Welt.

Trotz seiner politischen Erfolge und seines weltweiten Ruhms lebte Gandhi ein bescheidenes Leben und praktizierte seine Prinzipien der Einfachheit und Askese. Er war bekannt für seine strengen moralischen Standards und seine persönliche Integrität.

Gandhis Einsatz für die Unabhängigkeit Indiens führte schließlich zum Rückzug der Briten aus Indien im Jahr 1947 und zur Gründung von Indien und Pakistan. Leider wurde sein Traum von einem vereinten und friedlichen Indien durch religiöse Spannungen und Gewalt zwischen Hindus und Muslimen überschattet, was ihn zu weiteren Fastenkuren und Bemühungen um Versöhnung veranlasste.

Am 30. Januar 1948 wurde Mahatma Gandhi bei einem Attentat in Neu-Delhi erschossen. Sein Tod löste in Indien und auf der ganzen Welt Trauer und Bestürzung aus, und sein Vermächtnis lebt bis heute in den Herzen von Millionen von Menschen fort, die sich für Frieden, Gerechtigkeit und Gewaltlosigkeit einsetzen.

Die Botschaften von Mahatma Gandhi?

Mahatma Gandhi prägte die Welt mit seiner Botschaft der Gewaltlosigkeit, der Toleranz, der Selbstbestimmung und der sozialen Gerechtigkeit.

Einige seiner zentralen Ideen, die seine Botschaft prägten:

Gewaltlosigkeit (*Ahimsa*): Gandhi glaubte fest daran, dass Gewalt niemals eine Lösung für Konflikte sei. Er propagierte die Idee der Gewaltlosigkeit als eine universelle Waffe, um Unterdrückung und Ungerechtigkeit zu bekämpfen. Er nannte diese Philosophie Satyagraha, was "Festhalten an der Wahrheit" oder "Kraft der Wahrheit" bedeutet.

Selbstbestimmung: Gandhi betonte die Bedeutung der Selbstbestimmung für alle Völker und Nationen. Er kämpfte nicht nur für die Unabhängigkeit Indiens von der britischen Herrschaft, sondern unterstützte auch die Selbstbestimmung anderer unterdrückter Völker auf der ganzen Welt.

Soziale Gerechtigkeit: Gandhi setzte sich leidenschaftlich für die Beseitigung sozialer Ungerechtigkeiten wie die Kastendiskriminierung und die Ungleichheit zwischen Arm und Reich ein. Er kämpfte für die Rechte der Dalits (Unberührbaren) und forderte eine gerechtere Verteilung von Ressourcen und Chancen in der Gesellschaft.

Religiöse Toleranz: Gandhi glaubte an die Gleichwertigkeit aller Religionen und betonte die Bedeutung des interreligiösen Dialogs und der Toleranz. Er setzte sich für die Einheit zwischen Hinduismus, Islam, Christentum und anderen Glaubensrichtungen ein und lehnte religiösen Fanatismus ab.

Einfaches Leben: Gandhi praktizierte ein Leben der Einfachheit und Bescheidenheit. Er lehnte den materiellen Reichtum ab und forderte die Menschen auf, ein Leben zu führen, das auf Bedürfnislosigkeit und spirituellem Wachstum basiert.

Gandhi strebte danach, eine Welt des Friedens, der Gerechtigkeit und der harmonischen Koexistenz zu schaffen, und seine Botschaft der Gewaltlosigkeit und des sozialen Wandels inspirierte viele Menschen in Indien und auf der ganzen Welt.

Sei du selbst die Veränderung,
die du dir wünschst für diese Welt.

Das Zitat erinnert uns daran, dass der erste Schritt zur Veränderung darin besteht, bei sich selbst anzufangen. Wenn wir uns nach Frieden, Gerechtigkeit und Mitgefühl sehnen, müssen wir diese Werte zuerst in unseren eigenen Herzen kultivieren und sie in unserem täglichen Handeln verkörpern. Indem wir selbst die Veränderung werden, die wir uns für die Welt wünschen, können wir einen positiven Einfluss auf unser Umfeld und darüber hinaus ausüben.

Glück liegt nicht im Besitz
und nicht im Gold,
sondern im Herzen,
das zufrieden ist.

Ein wunderschönes Zitat, das die wahre Quelle des Glücks einfängt. Gandhi betonte die Bedeutung von innerem Frieden und Zufriedenheit über materiellen Besitz oder Reichtum. Wahres Glück findet sich nicht in äußeren Umständen oder materiellen Dingen, sondern in einem zufriedenen Herzen, das mit sich selbst im Einklang ist. Diese Botschaft erinnert uns daran, dass Glück eine innere Haltung ist, die unabhängig von äußeren Bedingungen kultiviert werden kann. Indem wir nach innerer Zufriedenheit streben und Dankbarkeit für das schätzen, was wir bereits haben, können wir ein erfülltes und glückliches Leben führen.

Stärke wächst nicht
aus physischer Kraft,
sondern aus unbeugsamem Willen.

Das inspirierende Zitat von Mahatma Gandhi, das die Bedeutung des inneren Willens und der Entschlossenheit betont. Gandhi glaubte fest daran, dass wahre Stärke nicht durch physische Macht oder Gewalt entsteht, sondern aus einem unbeugsamen Willen, der durch Prinzipien und Überzeugungen genährt wird. Es geht darum, eine innere Standhaftigkeit zu entwickeln, die es uns ermöglicht, Hindernisse zu überwinden und selbst in schwierigen Zeiten unseren Weg zu gehen. Diese Botschaft ermutigt uns, unseren eigenen inneren Willen zu stärken und an unsere Überzeugungen zu glauben, um Herausforderungen mit Mut und Entschlossenheit zu begegnen.

Ein Auge um Auge
macht die ganze Welt blind.

Ein tiefgründiges und oft zitiertes Zitat von Mahatma Gandhi, dass die Spirale der Gewalt und Rache aufzeigt. Gandhi betonte die Gefahr eines endlosen Kreislaufs von Vergeltung und Gegenvergeltung, der letztendlich nur zu weiterem Leid führt. Indem er darauf hinweist, dass "ein Auge um Auge die ganze Welt blind macht", unterstreicht Gandhi die Notwendigkeit, den Zyklus der Gewalt zu durchbrechen und nach alternativen, friedlichen Lösungen zu suchen. Dieses Zitat erinnert uns daran, dass Vergebung, Versöhnung und Gewaltlosigkeit mächtige Werkzeuge sind, um Konflikte zu lösen und einen Weg zu dauerhaftem Frieden zu finden.

> *Die Zukunft hängt davon ab,*
> *was wir heute tun.*

Ein sehr bedeutungsvolles Zitat, das die Wichtigkeit von Handeln im Hier und Jetzt betont. Gandhi glaubte fest daran, dass unsere gegenwärtigen Handlungen und Entscheidungen die Grundlage für unsere Zukunft legen. Indem er darauf hinweist, dass "die Zukunft davon abhängt, was wir heute tun", ermutigt uns Gandhi, verantwortungsbewusst zu handeln und bewusste Entscheidungen zu treffen, die positive Auswirkungen auf uns selbst und auf die Welt um uns herumhaben. Dieses Zitat erinnert uns daran, dass jede Handlung, sei sie auch noch so klein, einen Einfluss auf die Gestaltung der Zukunft hat, und fordert uns auf, aktiv dazu beizutragen, eine bessere Welt für kommende Generationen zu schaffen.

> *Freiheit ist nicht wertvoll,*
> *wenn sie nicht*
> *die Freiheit beinhaltet,*
> *Fehler zu machen.*

Das Zitat beschreibt die essenzielle Natur der Freiheit und des Lernens betont. Gandhi erkannte die Bedeutung von Freiheit nicht nur als Abwesenheit von äußerer Unterdrückung, sondern auch als die Freiheit, Fehler zu machen und aus ihnen zu lernen. Er verstand, dass wahre Freiheit bedeutet, das Recht zu haben, unsere eigenen Entscheidungen zu treffen, auch wenn sie manchmal Fehler beinhalten. Denn nur durch die Freiheit zu experimentieren und zu scheitern können wir persönliches Wachstum und Entwicklung erfahren. Dieses Zitat erinnert uns daran, dass Freiheit untrennbar mit Verantwortung und Selbstbestimmung verbunden ist und dass wir den Mut haben sollten, unsere eigenen Wege zu gehen und aus unseren Erfahrungen zu lernen.

> *Der beste Weg,*
> *sich selbst zu finden, ist,*
> *sich in Dienst an anderen*
> *zu verlieren.*

Ein tiefgründiges Zitat, dass die transformative Kraft des Dienstes und der Hingabe betont. Gandhi erkannte, dass die Suche nach dem eigenen Selbst oft durch das Hingeben an andere und das Engagement für das Wohl der Gemeinschaft erreicht wird. Indem man sich selbst in den Dienst anderer stellt, findet man nicht nur Erfüllung und Sinn, sondern auch eine tiefere Verbindung zu anderen Menschen und zur Welt um uns herum. Gandhi glaubte fest daran, dass wahre Erfüllung darin liegt, anderen zu dienen und sich für das Wohl aller einzusetzen. Dieses Zitat erinnert uns daran, dass das Streben nach persönlichem Glück und Erfolg untrennbar mit dem Streben nach Gemeinwohl und Mitgefühl verbunden ist.

> *Der Glaube ist kein Licht,*
> *das die Dunkelheit vertreibt,*
> *sondern eine Lampe,*
> *die den Weg erhellt.*

Ein zutiefst metaphorisches und inspirierendes Zitat, das die Natur des Glaubens einfängt. Gandhi vergleicht den Glauben nicht mit einem blendenden Licht, das die Dunkelheit sofort vertreibt, sondern mit einer Lampe, die den Weg erhellt und Orientierung bietet. Diese Analogie betont die Rolle des Glaubens als eine Quelle der Führung und Hoffnung, die uns durch schwierige Zeiten leitet und uns den Weg zeigt, auch wenn die Dunkelheit noch vorhanden ist.

Indem Gandhi den Glauben als eine Lampe beschreibt, unterstreicht er auch die Notwendigkeit, den Glauben aktiv zu pflegen und zu nähren, ähnlich wie man eine Lampe mit Öl versorgt, um das Licht am Brennen zu halten. Dieses Zitat erinnert uns daran, dass der Glaube nicht nur ein passiver Zustand ist, sondern eine aktive Entscheidung, die uns ermutigt, weiterzugehen und zu vertrauen, auch wenn der Weg unklar oder schwierig erscheint.

Das Schwächste vom Schwachen
zu sein
ist Macht.

Ein kraftvolles und provokantes Zitat von Mahatma Gandhi, das eine tiefe Weisheit über die Natur der Macht offenbart. Gandhi verstand, dass die traditionelle Vorstellung von Macht als Kontrolle oder Dominanz über andere letztlich zerstörerisch ist. Stattdessen betonte er die Macht in der Schwäche, die Stärke im Mitgefühl und die wahre Größe im Dienst an anderen.

Indem Gandhi sagt, dass "das Schwächste vom Schwachen zu sein, Macht ist", erinnert er uns daran, dass die Fähigkeit, sich zu verletzlich zu machen und Mitgefühl zu zeigen, eine wahrhaft transformative Kraft ist. Diese Form von Macht erfordert Mut und Selbstlosigkeit, da sie uns dazu bringt, unsere eigenen Bedürfnisse und Egoismen zugunsten des Wohlergehens anderer zurückzustellen. Es ist eine Macht, die nicht auf Unterdrückung oder Gewalt beruht, sondern auf Mitgefühl, Empathie und dem Streben nach Gerechtigkeit und Harmonie.

Dieses Zitat erinnert uns daran, dass wahrhafte Macht nicht darin besteht, andere zu beherrschen, sondern darin, die eigenen Schwächen anzuerkennen, Verletzlichkeit zu zeigen und durch liebevolles Handeln positive Veränderungen in der Welt herbeizuführen.

Worte sind mächtiger als Waffen.

Ein treffendes und bedeutungsvolles Zitat von Mahatma Gandhi, dass die transformative Kraft der Sprache und des Ausdrucks hervorhebt. Gandhi verstand, dass Worte nicht nur Kommunikationsmittel sind, sondern auch Instrumente des Einflusses und der Veränderung. Während Waffen Gewalt und Zerstörung bringen können, haben Worte die Fähigkeit, Herzen und Köpfe zu bewegen, Ideen zu verbreiten und Veränderungen herbeizuführen.

Indem Gandhi sagt, dass "Worte mächtiger sind als Waffen", betont er die Bedeutung von gewaltfreiem Widerstand und der Kraft des Dialogs. Worte können Brücken bauen, Verständnis fördern und Menschen zusammenbringen, während Waffen nur Trennung und Zerstörung bringen. Gandhi glaubte fest daran, dass der gewaltlose Austausch von Ideen und die Verbreitung von Wahrheit und Liebe letztlich mächtiger sind als jede Form der Gewalt.

Dieses Zitat erinnert uns daran, dass wir unsere Worte mit Bedacht wählen sollten, da sie das Potenzial haben, weitreichende Auswirkungen zu haben. Es fordert uns auf, die Macht unserer Sprache zu erkennen und sie bewusst einzusetzen, um Frieden, Gerechtigkeit und Verständigung zu fördern.

Historische Ereignisse, an denen Mahatma Gandhi maßgeblich beteiligt war:

Die Satyagraha-Kampagne in Südafrika (1906-1914):
Gandhi entwickelte erstmals seine Ideen des gewaltlosen Widerstands und des zivilen Ungehorsams während seiner Zeit in Südafrika, wo er sich gegen die Diskriminierung der indischen Gemeinschaft einsetzte. Die Satyagraha-Kampagne in Südafrika markierte den Beginn seiner Aktivitäten als politischer Aktivist.

Rückkehr nach Indien (1915):
Nach seiner Rückkehr nach Indien im Jahr 1915 wurde Gandhi zu einer führenden Figur in der indischen Unabhängigkeitsbewegung. Er begann, die Ideen des gewaltlosen Widerstands und der Selbstverwaltung in Indien zu verbreiten.

Nichtkooperationsbewegung (1920-1922):
Gandhi führte die Nichtkooperationsbewegung an, die darauf abzielte, die britische Herrschaft in Indien durch den Einsatz von gewaltlosem Widerstand und Boykottmaßnahmen zu beenden. Obwohl die Bewegung 1922 aufgrund gewalttätiger Ausschreitungen vorübergehend eingestellt wurde, stärkte sie den Widerstand gegen die Kolonialherrschaft.

Salzmarsch (1930):
Eines der bekanntesten Ereignisse in Gandhis Leben war der Salzmarsch im Jahr 1930. Gandhi und seine Anhänger marschierten rund 400 Kilometer von Sabarmati nach Dandi, um gegen das britische Salzmonopol zu protestieren. Dieser Akt des zivilen Ungehorsams symbolisierte den Kampf gegen

ungerechte Gesetze und förderte die Einheit der indischen Bevölkerung.

Beteiligung an den Runden-Tisch-Konferenzen (1930er Jahre):

Gandhi nahm an den Runden-Tisch-Konferenzen teil, die zwischen den britischen Behörden und indischen Führern stattfanden, um über Indiens politische Zukunft zu diskutieren. Obwohl keine Einigung erzielt wurde, half Gandhis Beteiligung dabei, die indische Stimme im politischen Prozess zu stärken.

Teilung Indiens und Unabhängigkeit (1947):

Gandhis Bemühungen, die hindu-muslimische Einheit zu fördern, waren während der Teilung Indiens und der Unabhängigkeit von entscheidender Bedeutung. Trotz seines Widerstands gegen die Teilung des Landes unterstützte er den Plan, Indien in zwei Staaten, Indien und Pakistan, aufzuteilen, um das Blutvergießen zu stoppen. Die Teilung führte jedoch zu einer der größten Massenmigrationen und zu interreligiösen Spannungen, die Gandhis Herz brachen.

> *Liebe verlangt keine Kontrolle,*
> *sie schafft Freiheit.*

Soll uns daran erinnern, dass wahre Liebe nicht darauf abzielt, andere zu kontrollieren oder zu besitzen, sondern ihnen Freiheit und Raum zur Entfaltung zu geben. Indem wir dieses Prinzip im Leben anwenden, können wir in unseren Beziehungen und Interaktionen mit anderen Menschen eine gesunde Dynamik schaffen.

In zwischenmenschlichen Beziehungen:
Wenn wir in unseren Beziehungen Liebe ohne Kontrolle praktizieren, erkennen wir an, dass jeder Mensch das Recht hat, sein eigenes Leben zu führen und eigene Entscheidungen zu treffen. Wir respektieren die Autonomie und die Individualität des anderen und geben ihm Raum, sich frei auszudrücken und zu entfalten. Dadurch entsteht eine Atmosphäre des Vertrauens, der Offenheit und des Wachstums.

Elternschaft:
Im Umgang mit unseren Kindern bedeutet Liebe ohne Kontrolle, dass wir ihnen erlauben, sich selbst zu entdecken und ihre eigenen Erfahrungen zu machen. Wir fördern ihre Unabhängigkeit und Selbstständigkeit, anstatt sie zu kontrollieren oder zu bevormunden. Auf diese Weise schaffen wir ein Umfeld, in dem sie sich sicher fühlen können, ihre eigenen Entscheidungen zu treffen und aus Fehlern zu lernen.

Arbeitsumfeld:

Auch im beruflichen Kontext kann Liebe ohne Kontrolle dazu beitragen, eine positive und unterstützende Arbeitsumgebung zu schaffen. Indem wir unseren Kollegen Freiheit und Vertrauen entgegenbringen und sie ermutigen, sich selbst zu entfalten, fördern wir Kreativität, Zusammenarbeit und gegenseitige Anerkennung.

Indem wir uns bemühen, Liebe ohne Kontrolle in unserem Leben zu praktizieren, fördern wir ein tieferes Verständnis, Respekt und Mitgefühl für andere Menschen. Wir erkennen an, dass wahre Liebe Freiheit schafft und uns allen ermöglicht, unser volles Potenzial zu entfalten und ein erfülltes Leben zu führen.

Die wahre Schönheit
liegt in der Reinheit des Herzens.

drückt die Überzeugung aus, dass die wahre Schönheit eines Menschen nicht durch äußere Merkmale oder materielle Besitztümer definiert wird, sondern durch die Reinheit und Güte seines Herzens.

Gandhi betonte die Bedeutung von Authentizität und Integrität im Leben. Wahre Schönheit entsteht, wenn wir im Einklang mit unseren inneren Werten und Prinzipien leben und uns von äußeren Einflüssen und Eitelkeiten nicht ablenken lassen.

Die Reinheit des Herzens bezieht sich auch auf die Fähigkeit, Mitgefühl und Güte gegenüber anderen zu zeigen. Wahre Schönheit manifestiert sich in der Art und Weise, wie wir anderen Menschen Liebe und Fürsorge entgegenbringen, ohne etwas im Gegenzug zu erwarten.

Gandhi glaubte an die Kraft des Dienstes und der Selbstlosigkeit. Die Reinheit des Herzens zeigt sich in der Bereitschaft, sich für das Wohl anderer einzusetzen und einen Beitrag zur Verbesserung der Welt zu leisten, ohne eigene Interessen zu verfolgen.

Indem Gandhi die wahre Schönheit mit der Reinheit des Herzens verbindet, fordert er uns auf, nach inneren Werten und Tugenden zu streben, die uns zu einem tieferen Verständnis von Schönheit und Sinn führen. Diese Botschaft erinnert uns daran, dass äußere Schönheit vergänglich ist, während die Reinheit des Herzens eine zeitlose und dauerhafte Quelle von Glück und Erfüllung darstellt.

Glück ist,
wenn das,
was du denkst,
was du sagst und was du tust,
in Harmonie sind.

Das Zitat betont die Bedeutung der inneren Ausrichtung oder Integrität. Glück entsteht, wenn unsere Gedanken, Worte und Taten im Einklang mit unseren inneren Werten und Überzeugungen stehen. Es geht darum, in Übereinstimmung mit unserem wahren Selbst zu leben und authentisch zu sein.

Gandhi unterstreicht die Wichtigkeit, dass unsere äußeren Handlungen mit unseren inneren Überzeugungen übereinstimmen. Es genügt nicht, nur das zu denken oder zu sagen, was wir für richtig halten, sondern wir müssen auch danach handeln. Die Harmonie zwischen Gedanken, Worten und Taten schafft ein Gefühl von Ganzheit und Zufriedenheit.

Die Kernbotschaft des Zitats ist, dass wahres Glück aus der Integrität entspringt. Wenn wir im Einklang mit unseren Überzeugungen und Werten leben, fühlen wir uns erfüllt und zufrieden. Glück liegt nicht in äußeren Umständen oder materiellen Besitztümern, sondern in der inneren Ausrichtung und der Harmonie zwischen unserem Denken, Sprechen und Handeln.

Zusammenfassend können wir sagen, dass die Kernbotschaft dieses Zitats darin besteht, dass wahres Glück durch die Ausrichtung unserer Gedanken, Worte und Taten auf unsere inneren Werte und Überzeugungen erreicht wird.

Ein Mensch ist aber erst wirklich tot,
wenn er vergessen ist.

Dieses Zitat betont die Bedeutung der Erinnerung und des Erbes eines Menschen nach seinem Tod. Es unterstreicht, dass das wahre Vermächtnis eines Menschen nicht in materiellen Besitztümern besteht, sondern in den Erinnerungen, die er bei anderen hinterlässt. Es drückt die Vorstellung aus, dass ein Mensch erst dann vollständig stirbt, wenn sein Einfluss und seine Erinnerung aus dem Gedächtnis derjenigen verschwinden, die ihn kannten.

Wut ist der Feind des Verstands.

Dieses Zitat betont die negative Auswirkung von Wut auf unsere Fähigkeit zu rationalen und klaren Gedanken. Indem es Wut als "Feind des Verstands" bezeichnet, verdeutlicht es, dass starke emotionale Reaktionen wie Wut unsere Fähigkeit zur vernünftigen Entscheidungsfindung und Problemlösung beeinträchtigen können. Es erinnert uns daran, dass wir in Momenten der Wut dazu neigen, impulsiv zu handeln und unüberlegte Entscheidungen zu treffen, die wir später bereuen könnten. Letztendlich betont dieses Zitat die Wichtigkeit der emotionalen Kontrolle und des bewussten Umgangs mit unseren Gefühlen, um klar zu denken und angemessen zu handeln.

Frieden ist der Weg.

Ein kraftvolles Zitat, dass die Idee verkörpert, dass Frieden nicht nur ein Ziel ist, sondern auch der Weg dorthin. Es betont die Bedeutung von gewaltlosem Widerstand, Dialog und Verständigung als Mittel zur Lösung von Konflikten und zur Förderung von Harmonie. Gandhi glaubte fest daran, dass der Weg zum Frieden durch Mitgefühl, Toleranz und Vergebung geprägt sein sollte, und dass jede Handlung im Dienste des Friedens unermessliche positive Auswirkungen haben kann. "Frieden ist der Weg" erinnert uns daran, dass der Frieden nicht durch Gewalt oder Unterdrückung erreicht werden kann, sondern durch die bewusste Entscheidung, Mitgefühl und Gewaltlosigkeit zu praktizieren, sowohl in unseren persönlichen Beziehungen als auch auf globaler Ebene.

Jede gute Tat ist wie ein Lichtstrahl,
der die Dunkelheit durchdringt.

Dieses Zitat von Mahatma Gandhi drückt die transformative Kraft von Güte und Mitgefühl aus. Es beschreibt, wie selbst die kleinste gute Tat das Potenzial hat, Licht und Hoffnung in die Dunkelheit zu bringen. Ähnlich wie ein Lichtstrahl in der Dunkelheit erhellt eine gute Tat nicht nur den Moment, sondern hat auch die Kraft, positive Veränderungen in der Welt zu bewirken. Gandhi ermutigt uns dazu, durch unsere Handlungen Licht und Wärme zu spenden, selbst in Momenten der Schwierigkeit oder Verzweiflung. Dieses Zitat erinnert uns daran, dass jede gute Tat, sei sie auch noch so klein, einen Unterschied machen kann und uns alle dazu inspiriert, das Gute in der Welt zu vermehren.

Sei der Wandel,
den du in der Welt sehen möchtest.

Dieses inspirierende Zitat von Mahatma Gandhi ermutigt dazu, persönlich Verantwortung zu übernehmen und aktiv an der Veränderung teilzuhaben, die man in der Welt sehen möchte. Gandhi betont die Kraft des persönlichen Beispiels und der individuellen Handlungen, um positive Veränderungen herbeizuführen. Anstatt auf andere zu warten oder die Verantwortung auf andere abzuwälzen, erinnert uns dieses Zitat daran, dass wir selbst die Veränderung sein können, die wir in der Welt sehen möchten. Es ermutigt dazu, unsere Werte und Überzeugungen in die Tat umzusetzen und ein Vorbild für andere zu sein. Letztendlich drückt dieses Zitat die Idee aus, dass Veränderung von innen heraus beginnt und dass jeder Einzelne die Macht hat, einen Unterschied zu machen, wenn er sich dazu entschließt, aktiv zu handeln.

Es gibt nichts,
was uns davon abhält,
zu tun,
was recht ist.

Dieses Zitat von Mahatma Gandhi drückt die Überzeugung aus, dass nichts uns daran hindern kann, das Richtige zu tun. Gandhi betont die unerschütterliche Natur der Moral und der Pflicht, auch unter schwierigen Umständen das zu tun, was ethisch und gerecht ist. Es erinnert uns daran, dass äußere Hindernisse oder Widerstände uns nicht davon abhalten sollten, unseren Prinzipien treu zu bleiben und das zu tun, was wir für richtig halten. Selbst wenn wir vor Herausforderungen stehen oder mit Widerstand konfrontiert sind, können wir weiterhin nach unserem Gewissen handeln und das Richtige tun. Letztendlich drückt dieses Zitat die Idee aus, dass die Verpflichtung zur Moral und zur Wahrheit über alle äußeren Umstände und Hindernisse hinweg bestehen bleibt.

Das Geheimnis des Glücks
liegt in der Zufriedenheit.

Dieses Zitat von Mahatma Gandhi betont die Bedeutung von Zufriedenheit als Schlüssel zum Glück. Gandhi verstand, dass wahres Glück nicht durch äußere Umstände oder materiellen Besitz erreicht wird, sondern durch eine innere Haltung der Zufriedenheit und der Dankbarkeit für das, was man hat. Es erinnert uns daran, dass Glück nicht durch äußere Erfolge oder materiellen Reichtum allein erreicht werden kann, sondern durch die Fähigkeit, das Gute in unserem Leben zu schätzen und mit dem zufrieden zu sein, was wir haben. Indem wir lernen, mit dem zufrieden zu sein, was wir haben, können wir wahres Glück und Erfüllung finden, unabhängig von äußeren Umständen oder materiellen Besitztümern.

Der größte Erfolg in Gandhis Leben

In den späten 1940er Jahren, als Indien sich auf dem Weg zur Unabhängigkeit befand, erreichte Gandhis Einfluss und Führung ihren Höhepunkt. Sein größter Erfolg war vielleicht seine Fähigkeit, Millionen von Menschen zu mobilisieren und zu inspirieren, um gegen die britische Kolonialherrschaft zu kämpfen, ohne dabei zu Gewalt oder Hass zu greifen.

Die Geschichte könnte sich auf ein entscheidendes Ereignis konzentrieren, wie zum Beispiel den Marsch zum Salz, eine symbolische Aktion, bei der Gandhi und Tausende von Indern den Salzgesetzen der Briten trotzen und Salz aus dem Meer gewinnen. Durch diese einfache Handlung des zivilen Ungehorsams rüttelte Gandhi nicht nur die britische Herrschaft auf, sondern mobilisierte auch das indische Volk und ermutigte sie, sich für ihre Freiheit einzusetzen.

Der Höhepunkt dieser Geschichte könnte in Gandhis Entschlossenheit und Beharrlichkeit liegen, trotz des Drucks und der Unterdrückung durch die britische Regierung und diejenigen, die an Gewalt als Mittel zum Wandel glaubten, an seinen Prinzipien des gewaltlosen Widerstands festzuhalten. Gandhis größter Erfolg könnte darin liegen, dass er gezeigt hat, dass Frieden und Gewaltlosigkeit mächtige Werkzeuge des Wandels sind und dass die Stärke einer Nation nicht in ihrer militärischen Macht, sondern in ihrer moralischen Autorität liegt.

Am Ende könnte die Geschichte Gandhis Rolle bei der Schaffung eines unabhängigen Indiens hervorheben und wie sein Erbe von Gewaltlosigkeit und Frieden weiterhin Millionen von Menschen auf der ganzen Welt inspiriert.

Die Zukunft hängt davon ab,
was wir heute tun.

Diese Aussage von Mahatma Gandhi betont die Bedeutung unserer gegenwärtigen Handlungen für die Gestaltung der Zukunft. Eine Geschichte dazu könnte sich auf ein einfaches, aber bedeutsames Ereignis konzentrieren, das die Essenz von Gandhis Lehren über die Verantwortung des Handelns widerspiegelt.

In einem abgelegenen Dorf in Indien lebte ein junger Mann namens Raj, der von den Ideen Gandhis inspiriert war. Obwohl er ein einfacher Bauer war, glaubte er fest daran, dass er einen Beitrag zur Veränderung leisten konnte. Eines Tages sah Raj, wie sein Dorf von Wasserknappheit und Bodenerosion bedroht war. Statt untätig zu bleiben, beschloss er, einen kleinen Schritt zu unternehmen, der große Auswirkungen haben könnte.

Raj begann damit, eine Gemeinschaftsinitiative zu starten, um Bäume zu pflanzen und Wasserquellen zu schützen. Er mobilisierte die Dorfbewohner, um gemeinsam die Landschaft zu verbessern und nachhaltige Anbaumethoden einzuführen. Obwohl ihre Anstrengungen anfangs bescheiden waren, wuchsen sie mit der Zeit und inspirierten benachbarte Dörfer, ihrem Beispiel zu folgen.

Im Laufe der Jahre führte Rajs Entschlossenheit und Beharrlichkeit zu einem bemerkenswerten Wandel in seiner Gemeinschaft. Die einst trockenen und degradierten Gebiete erblühten wieder, und das Dorf wurde zu einem Modell für Umweltschutz und Nachhaltigkeit. Raj und seine Mitstreiter hatten bewiesen, dass kleine, aber konsequente Handlungen einen großen Unterschied machen können.

Die Geschichte endet damit, dass Raj, inspiriert von Gandhis Lehren, betont, dass die Zukunft davon abhängt, was wir heute tun. Er ermutigt seine Mitmenschen, weiterhin aktiv zu sein und ihre Verantwortung gegenüber der Umwelt und zukünftigen Generationen ernst zu nehmen. Denn nur durch gemeinsame Anstrengungen und kontinuierliche Handlungen können wir eine positive Veränderung in der Welt bewirken.

Es ist der Geist,
der den Körper baut.

Dieses Zitat von Mahatma Gandhi unterstreicht die enge Verbindung zwischen Geist und Körper und betont die Kraft des Geistes bei der Gestaltung unseres körperlichen Wohlbefindens und unserer Gesundheit. Eine Geschichte dazu könnte sich auf einen Charakter namens Maya konzentrieren, der diese Weisheit entdeckt, als sie mit einer schweren Krankheit konfrontiert wird.

Maya war eine leidenschaftliche Tänzerin, die ihr Leben der Kunst gewidmet hatte. Als sie plötzlich von einer schweren Krankheit getroffen wurde, die ihre Fähigkeit zu tanzen beeinträchtigte, fühlte sie sich verzweifelt und entmutigt. Doch dann erinnerte sie sich an die Worte ihres Lehrers, der ihr oft gesagt hatte: "Es ist der Geist, der den Körper baut."

Entschlossen, nicht aufzugeben, begann Maya, ihren Geist zu stärken, indem sie sich auf positive Gedanken, Meditation und innere Ruhe konzentrierte. Sie erkannte, dass sie zwar vielleicht nicht die Kontrolle über ihre Krankheit hatte, aber dennoch die Macht besaß, ihre Einstellung und ihren Geisteszustand zu beeinflussen.

Mit der Zeit begann Mayas Geistesarbeit Früchte zu tragen. Obwohl ihr Körper weiterhin mit der Krankheit kämpfte, fühlte sie sich innerlich stärker und ausgeglichener. Sie fand Trost und Heilung in ihrer spirituellen Praxis und erkannte, dass ihr Geist die Kraft hatte, sie durch jede Herausforderung zu tragen.

Am Ende der Geschichte kehrt Maya vielleicht nicht vollständig zu ihrem früheren körperlichen Zustand zurück, aber sie findet Frieden und Erfüllung, indem sie die Wahrheit von Gandhis Worten erlebt: "Es ist der Geist, der den Körper baut." Sie erkennt, dass die Stärke ihres Geistes sie durch jede Prüfung führen kann und dass wahre Gesundheit und Wohlbefinden von innen kommen.

Die Schwäche der Menschheit liegt
in ihrer Blindheit
für das eigene Übel.

Die Worte von Gandhi bringen die Idee zum Ausdruck, dass Menschen oft dazu neigen, die negativen Auswirkungen ihres eigenen Fehlverhaltens oder ihrer eigenen Handlungen nicht zu erkennen oder zu ignorieren. Es kritisiert die Tendenz der Menschen, sich vor unbequemen Wahrheiten zu verschließen und Verantwortung für ihr Handeln zu leugnen. Gandhi fordert dazu auf, die eigenen Schwächen und Fehler anzuerkennen und aktiv nach Lösungen zu suchen, um sie zu überwinden. Letztendlich drückt dieses Zitat die Wichtigkeit von Selbstreflexion, Bewusstsein und Verantwortungsbewusstsein aus, um die Schwächen der Menschheit zu überwinden und positive Veränderungen herbeizuführen.

Wo Liebe ist,
da ist Gott auch.

Das Zitat spiegelt einen tief spirituellen Ansatz wider, der auf dem Glauben an die universelle Kraft der Liebe basiert. Gandhi vereinte Elemente verschiedener philosophischer und spiritueller Traditionen, darunter Hinduismus, Christentum und Jainismus, und drückt die Essenz dieser Vereinigung aus.

Gandhi glaubte an die Einheit des Seins, die Idee, dass alles im Universum miteinander verbunden ist und dass die Essenz aller Dinge Liebe ist. Indem er sagt, dass Gott dort ist, wo Liebe ist, betont er die Allgegenwart und Transzendenz Gottes, der in jeder Form von Liebe präsent ist.

Für Gandhi war Liebe das höchste spirituelle Prinzip, das alle anderen Tugenden und Ideale umfasste. Er glaubte, dass wahre Liebe die Fähigkeit hat, Grenzen zu überwinden, Unterschiede zu vereinen und das Göttliche in jedem Lebewesen zu erkennen.

Gandhi erkannte die Göttlichkeit in jedem Menschen und in der gesamten Schöpfung. Indem er sagt, dass Gott dort ist, wo Liebe ist, erinnert er uns daran, dass die Suche nach Gott nicht außerhalb von uns liegt, sondern in unserem eigenen Herzen und in unseren zwischenmenschlichen Beziehungen.

Dieses Zitat drückt die Überzeugung Gandhis aus, dass die Liebe die Quelle allen Seins ist und dass die Verwirklichung dieser Liebe die höchste spirituelle Erfahrung ist. Es erinnert uns daran, dass wir durch Liebe zu Gott und zu unseren Mitmenschen näherkommen können und dass Liebe die Kraft hat, die Welt zu verändern und sie in einen Ort des Friedens und der Harmonie zu verwandeln.

Es ist besser,
Gewalt zu widerstehen,
als Gewalt zu begehen.

Diese Worte von Mahatma Gandhi drücken eine zentrale Botschaft seines Konzepts des gewaltlosen Widerstands aus und bietet wertvolle Lektionen für uns alle:

Gandhi lehrte, dass der Einsatz von Gewalt als Mittel zur Konfliktlösung langfristig keine nachhaltigen Ergebnisse bringt. Statt Gewalt mit Gewalt zu bekämpfen, plädierte er für gewaltlosen Widerstand, der darauf abzielt, Unrecht und Ungerechtigkeit zu widerstehen, ohne dabei selbst gewalttätig zu werden. Diese Lektion erinnert uns daran, dass der Verzicht auf Gewalt nicht nur moralisch, sondern auch strategisch klug ist.

Gandhi glaubte an die transformative Kraft der Passivität, die er als "Satyagraha" bezeichnete, was "Festhalten an der Wahrheit" bedeutet. Indem man sich weigert, an Gewaltakten teilzunehmen oder sich ihnen zu unterwerfen, kann man die moralische Autorität stärken und den Widerstand gegen Unrecht mobilisieren. Diese Lektion lehrt uns, dass das Festhalten an unseren Überzeugungen und Prinzipien selbst inmitten von Unterdrückung und Gewalt eine mächtige Waffe sein kann.

Das Zitat erinnert uns daran, dass Gewaltlosigkeit nicht nur eine Taktik in politischen Auseinandersetzungen ist, sondern eine umfassende Lebensphilosophie. Indem wir uns für Gewaltlosigkeit entscheiden, fördern wir Harmonie, Mitgefühl und Respekt in unseren zwischenmenschlichen Beziehungen und tragen dazu bei, eine Kultur des Friedens und der Verständigung aufzubauen.

Insgesamt lehren uns die Worte und Ansätze von Gandhi, dass Gewalt nicht die Lösung für Konflikte ist und dass wir durch gewaltloses Handeln und Widerstand eine positive Veränderung in der Welt bewirken können. Es ermutigt uns, unserer Moral treu zu bleiben und für Gerechtigkeit einzutreten, selbst wenn wir mit Unterdrückung und Ungerechtigkeit konfrontiert sind.

Die beste Art,
einen Freund zu finden,
ist, selbst ein Freund zu sein.

Die Aussage von Mahatma Gandhi betont die Bedeutung von Freundlichkeit, Mitgefühl und gegenseitiger Unterstützung in unseren zwischenmenschlichen Beziehungen. Um dies zu praktizieren, können wir verschiedene Schritte unternehmen:

Beginne damit, anderen Menschen gegenüber freundlich, respektvoll und einfühlsam zu sein. Sei aufmerksam für ihre Bedürfnisse und Gefühle und zeige Interesse an ihren Lebensumständen.

Sei ein aufmerksamer Zuhörer und nehme dir Zeit, um die Geschichten, Gedanken und Gefühle anderer Menschen zu verstehen. Sei präsent im Moment und zeige echtes Interesse an ihrem Wohlbefinden.

Sei bereit, anderen in Zeiten der Not oder Herausforderung beizustehen. Biete praktische Hilfe, ein offenes Ohr oder moralische Unterstützung an, wenn sie sie benötigen.

Zeige den Menschen in deinem Leben, wie sehr du ihre Freundschaft schätzt, indem du ihnen deine Dankbarkeit und Wertschätzung zeigst. Nimm dir Zeit, um ihnen zu sagen, wie wichtig sie für dich sind und wie sehr du ihre Anwesenheit schätzt.

Sei authentisch in deinen Beziehungen und bemühe dich um Ehrlichkeit und Vertrauenswürdigkeit. Sei offen über deine Gedanken, Gefühle und Erfahrungen und bemühe dich um offene Kommunikation und gegenseitiges Verständnis.

Indem wir selbst ein Freund sind, legen wir den Grundstein für tiefe und bedeutungsvolle Beziehungen zu anderen Menschen. Durch Freundlichkeit, Mitgefühl und gegenseitige Unterstützung können wir Freundschaften aufbauen, die von Vertrauen, Respekt und Wertschätzung geprägt sind.

Wahre Bildung besteht darin,
wie man denkt,
nicht was man denkt.

Mit diesen Worten betont Mahatma Gandhi die Bedeutung von Denkprozessen und mentalen Fähigkeiten über bloßes Wissen oder Information. Er drückt damit aus, dass Bildung nicht nur darin besteht, Fakten und Daten zu lernen, sondern vielmehr darin, wie wir diese Informationen verstehen, analysieren und anwenden.

Gandhi ermutigt dazu, kritisch über das Gelernte nachzudenken und nicht einfach Informationen unkritisch zu akzeptieren. Er betont die Bedeutung, die Welt mit einem kritischen und hinterfragenden Geist zu betrachten, um ein tieferes Verständnis für komplexe Probleme und Fragen zu entwickeln.

Indem er sagt, dass wahre Bildung darin besteht, wie man denkt, weist Gandhi darauf hin, dass die Qualität unseres Denkens durch unsere moralischen und ethischen Prinzipien geprägt ist. Er betont die Wichtigkeit von Werten wie Mitgefühl, Gerechtigkeit und Gewaltlosigkeit bei der Bildung eines ethisch fundierten Denkens.

Gandhi drückt auch die Idee aus, dass Bildung ein kontinuierlicher Prozess der Selbstreflexion und Selbstentwicklung ist. Es geht nicht nur darum, Informationen aufzunehmen, sondern auch darum, sich selbst und seine eigenen Denkmuster kritisch zu hinterfragen und zu wachsen.

Insgesamt möchte Gandhi mit diesen Worten betonen, dass wahre Bildung weit über das Erlernen von Fakten hinausgeht und dass sie die Entwicklung eines kritischen, ethisch fundierten und reflektierten Denkens beinhaltet. Es geht darum, nicht nur Wissen anzuhäufen, sondern auch die Fähigkeit zu entwickeln, dieses Wissen auf sinnvolle und konstruktive Weise anzuwenden, um die Welt zu verstehen und zu verbessern.

Sei vorsichtig mit deinen Gedanken,
denn sie werden Worte.

Dieses Zitat von Mahatma Gandhi drückt die Wichtigkeit der Achtsamkeit bezüglich unserer Gedanken aus, da sie letztendlich zu Worten werden können, die Ausdruck unserer inneren Welt sind. Es betont die Kraft und die Auswirkungen unserer Gedanken auf unsere Sprache und unsere Handlungen. Hier sind einige Interpretationen und Lektionen, die wir aus diesem Worten ziehen können:

Das Zitat erinnert uns daran, dass unsere Gedanken nicht bedeutungslos sind, sondern dass sie einen Einfluss auf unser Verhalten haben. Indem wir uns bewusst werden, welche Gedanken wir hegen, können wir gezielt positive und konstruktive Gedanken kultivieren und negative oder schädliche Gedanken vermeiden.

Es drückt die Idee aus, dass unsere Worte eine direkte Manifestation unserer Gedanken sind und dass wir für das verantwortlich sind, was wir sagen. Indem wir achtsam sind und unsere Worte mit Bedacht wählen, können wir vermeiden, andere zu verletzen oder negative Energien zu verbreiten.

Das Zitat unterstreicht auch die kreative Kraft unserer Gedanken, die sich in unseren Worten ausdrückt. Indem wir positive und konstruktive Gedanken hegen, können wir dazu beitragen, eine positive und unterstützende Atmosphäre um uns herum zu schaffen.

Es erinnert uns daran, dass es wichtig ist, unsere Gedanken zu beherrschen und sie nicht unkontrolliert zu lassen. Durch Selbstbeherrschung und Selbstreflexion können wir unsere Gedanken lenken und sicherstellen, dass sie im Einklang mit unseren Werten und Zielen stehen.

Insgesamt lehrt uns dieses Zitat von Gandhi die Bedeutung der Achtsamkeit und Selbstkontrolle in Bezug auf unsere Gedanken, da sie letztendlich unseren Worten und Handlungen zugrunde liegen. Es ermutigt uns, bewusster und verantwortungsbewusster mit unserem inneren Dialog umzugehen, um eine positive und unterstützende Umgebung für uns selbst und andere zu schaffen.

Frieden beginnt mit einem Lächeln.

Diese Worte, die auch von Mutter Teresa verwendet wurden, mögen auf den ersten Blick einfach erscheinen, aber in seiner Tiefe liegt seine große Bedeutung für uns Menschen:

Das Zitat spricht eine einfache, aber tiefgreifende Wahrheit aus, die für jeden zugänglich ist. Es erinnert uns daran, dass Frieden keine komplexe oder unerreichbare Idee ist, sondern etwas, das jeder von uns durch eine so einfache Handlung wie ein Lächeln fördern kann.

Ein Lächeln ist ein universelles Zeichen der Freundlichkeit und Wärme. Es hat die Kraft, Barrieren zu überwinden, Menschen zu verbinden und das Wohlbefinden sowohl desjenigen, der lächelt, als auch desjenigen, der empfängt, zu steigern. Das Zitat betont die transformative Kraft der Freundlichkeit und wie sie den Weg für Frieden und Harmonie ebnen kann.

Ein Lächeln ist ein Ausdruck von Mitgefühl und Menschlichkeit. Es zeigt, dass wir uns um das Wohlergehen anderer kümmern und dass wir bereit sind, Liebe und Freundlichkeit zu teilen, selbst inmitten von Schwierigkeiten oder Konflikten. Das Zitat erinnert uns daran, dass Frieden in unserem täglichen Handeln und Umgang miteinander verwurzelt ist.

Indem das Zitat betont, dass Frieden mit einem Lächeln beginnt, erinnert es uns daran, dass jeder von uns eine Rolle dabei spielt, eine friedlichere Welt zu schaffen. Frieden ist keine abstrakte Idee, sondern etwas, das jeder von uns durch kleine Gesten der Freundlichkeit und Menschlichkeit fördern kann.

Insgesamt ist dieses Zitat so wertvoll, weil es uns daran erinnert, dass Frieden nicht etwas ist, das außerhalb unserer Reichweite liegt, sondern etwas, das wir alle aktiv fördern können, indem wir mit Freundlichkeit, Mitgefühl und Menschlichkeit handeln. Es ruft uns dazu auf, die Macht unseres Lächelns zu erkennen und sie als Werkzeug für positive Veränderungen in der Welt einzusetzen.

Ein Leben ohne Prinzipien
ist wie ein Schiff ohne Kompass.

Das Zitat unterstreicht die Bedeutung von Prinzipien und Werten in unserem Leben. Es trägt eine wichtige Botschaft für uns Menschen:

Ein Kompass gibt einem Schiff Richtung und Orientierung auf dem Ozean. Ähnlich bieten Prinzipien und Werte uns eine Richtschnur für unser Handeln und eine klare Orientierung in unserem Leben. Ohne diese Prinzipien könnten wir uns leicht verirren oder von unserem Kurs abkommen.

Ein Schiff verlässt sich auf seinen Kompass, um sicher durch unruhige Gewässer zu navigieren. Genauso geben uns Prinzipien Stabilität und Vertrauen in uns selbst und unsere Entscheidungen, auch wenn wir mit Herausforderungen oder Unsicherheiten konfrontiert sind.

Prinzipien definieren unsere Integrität und unsere Authentizität als Menschen. Sie sind Ausdruck dessen, wofür wir stehen und was uns wichtig ist. Ein Leben ohne Prinzipien könnte bedeuten, dass wir unsere moralischen und ethischen Überzeugungen vernachlässigen oder uns von äußeren Einflüssen treiben lassen, anstatt unseren eigenen Weg zu gehen.

Prinzipien geben uns die Verantwortung und die Möglichkeit, unser Leben aktiv zu gestalten. Sie erinnern uns daran, dass wir die Architekten unseres Schicksals sind und dass unsere Entscheidungen und Handlungen auf unseren festen Überzeugungen basieren sollten.

Insgesamt verdeutlicht dieses Zitat die Wichtigkeit von Prinzipien und Werten als Leitfaden für ein erfülltes und sinnvolles Leben. Es ermutigt uns dazu, unsere Überzeugungen zu kennen und ihnen treu zu bleiben, auch wenn es manchmal schwierig sein mag. Denn nur durch das Festhalten an unseren Prinzipien können wir ein Leben führen, das unserem wahren Selbst entspricht und uns zu unserem persönlichen Erfolg und Glück führt.

Die größte Lektion
in Mahatma Gandhis Leben

Eine der größten Lektionen im Leben Mahatma Gandhis war zweifellos die Macht der Gewaltlosigkeit und des gewaltfreien Widerstands als Mittel des sozialen und politischen Wandels. Gandhi war ein überzeugter Verfechter der Idee, dass echter Wandel nur durch gewaltlose Mittel erreicht werden kann, und sein Leben und Wirken waren von diesem Prinzip geprägt.

Gandhi führte unzählige Kampagnen des zivilen Ungehorsams und des gewaltlosen Widerstands gegen die britische Kolonialherrschaft in Indien, darunter den Salzmarsch, die Boykottkampagnen und die Kampagnen für die Unabhängigkeit Indiens. Er demonstrierte die transformative Kraft der Gewaltlosigkeit, indem er Millionen von Menschen mobilisierte und den britischen Kolonialherren zeigte, dass ihr Herrschaftssystem nicht aufrechtzuerhalten war.

Durch sein Engagement für die Gewaltlosigkeit lehrte Gandhi die Welt eine wichtige Lektion über die Möglichkeiten des gewaltfreien Widerstands als Mittel der Veränderung. Er zeigte, dass Widerstand gegen Unterdrückung und Ungerechtigkeit ohne Gewalt möglich ist und dass die Macht der Wahrheit und der Liebe stärker ist als die Macht der Waffen.

Die größte Lektion in Gandhis Leben war daher die Überzeugung, dass echter Wandel nur durch gewaltfreie Mittel und die konsequente Anwendung von Prinzipien wie Wahrheit, Liebe und Selbstlosigkeit erreicht werden kann. Sein Leben und Wirken sind ein lebendiges Beispiel dafür, wie ein einzelner Mensch durch sein Handeln die Welt verändern kann, wenn er sich für das Gute und für die Prinzipien der Gewaltlosigkeit einsetzt.

Der wahre Maßstab für den Fort-
schritt einer Nation ist,
wie sie ihre Tiere behandelt.

Das Zitat von Mahatma Gandhi hat auch in der heutigen Zeit, einschließlich in Deutschland, eine große Relevanz und Bedeutung. Hier sind einige Wege, wie dieses Zitat auch heute in Deutschland relevant ist:

Deutschland hat eine fortschrittliche Gesetzgebung und hohe Standards im Bereich des Tierschutzes. Das Zitat von Gandhi erinnert uns daran, dass der Umgang mit Tieren ein wichtiger Indikator für den moralischen und ethischen Fortschritt einer Gesellschaft ist. Es ruft dazu auf, sicherzustellen, dass Tierschutzgesetze angemessen umgesetzt und ständig verbessert werden, um das Wohlergehen von Tieren zu gewährleisten.

Die Art und Weise, wie Tiere in der Landwirtschaft gehalten und behandelt werden, ist ein wichtiger Aspekt der Debatte über Nachhaltigkeit und Umweltschutz. Das Zitat von Gandhi erinnert uns daran, dass die Nutzung von Tieren für Nahrung und andere Zwecke mit einem ethischen und verantwortungsbewussten Umgang einhergehen sollte, der das Wohlergehen der Tiere berücksichtigt.

Die Debatte über Tierversuche und ihre ethische Vertretbarkeit ist ein kontroverses Thema in Deutschland und weltweit. Das Zitat von Gandhi fordert uns dazu auf, alternative Methoden zur Erforschung und Entwicklung zu nutzen, die das Leiden von Tieren minimieren und gleichzeitig wissenschaftlichen Fortschritt ermöglichen.

Insgesamt erinnert uns das Zitat von Gandhi daran, dass der Umgang mit Tieren ein Spiegelbild unserer moralischen und ethischen Werte als Gesellschaft ist. Es ruft dazu auf, Mitgefühl, Respekt und Fürsorge für alle Lebewesen zu zeigen und sicherzustellen, dass der Fortschritt einer Nation nicht auf Kosten des Leidens von Tieren erfolgt.

Ein Mensch mit einem reinen Herzen braucht keine äußere Rechtfertigung seines Handelns.

Diese Worte sollen dich ermutigen, aus einem Ort innerer Reinheit und Authentizität heraus zu handeln, ohne die Notwendigkeit externer Bestätigung oder Rechtfertigung. Hier sind einige Wege, wie jeder Mensch dieses Zitat in sein persönliches Leben integrieren kann:

Reflektiere über deine eigenen Werte, Überzeugungen und Absichten. Stelle sicher, dass deine Handlungen aus einem reinen Herzen kommen und im Einklang mit deinen inneren Überzeugungen stehen. Sei dir selbst gegenüber ehrlich und vertraue auf deine Intuition und inneren Leitlinien.

Handle in Übereinstimmung mit deinen inneren Prinzipien und sei authentisch in allem, was du tust. Lass dich nicht von äußeren Erwartungen oder Meinungen beeinflussen, sondern bleibe treu dir selbst gegenüber. Wenn deine Handlungen aus einem Ort der Authentizität kommen, wird keine äußere Rechtfertigung benötigt.

Kultiviere Mitgefühl für dich selbst und für andere. Verurteile dich nicht für Fehler, sondern lerne aus ihnen und wachse als Person. Verzeihe auch anderen, wenn sie Fehler machen, und erkenne an, dass wir alle menschlich sind und uns weiterentwickeln.

Akzeptiere dich selbst mit all deinen Stärken und Schwächen und liebe dich bedingungslos. Wenn du aus einem Ort der Selbstliebe handelst, wirst du weniger anfällig für Zweifel oder Unsicherheiten sein und keine äußere Rechtfertigung für deine Handlungen benötigen.

Suche nach Möglichkeiten, anderen zu dienen und Gutes in der Welt zu bewirken, nicht aus dem Bedürfnis nach Lob oder Anerkennung, sondern aus einem tiefen Wunsch heraus, anderen zu helfen und positiven Wandel zu schaffen.

Indem du diese Prinzipien in dein Leben integrierst, kannst du nach den Worten von Gandhi aus einem Ort der inneren Reinheit und Authentizität handeln und die Notwendigkeit äußerer Rechtfertigung überwinden. Du wirst in der Lage sein, deine Handlungen mit einem klaren Gewissen zu tun und deinem Herzen zu folgen, ohne auf die Zustimmung oder Bestätigung anderer angewiesen zu sein.

Die Erde bietet genug
für jedermanns Bedürfnisse,
aber nicht für jedermanns Gier.

Mit diesem Zitat erinnert uns Mahatma Gandhi an die Bedeutung von Mäßigung, Bescheidenheit und Rücksichtnahme im Umgang mit den Ressourcen der Erde. Hier sind einige wichtige Aspekte, an die Gandhi uns durch dieses Zitat erinnert:

Gandhi unterstreicht die Notwendigkeit, die Ressourcen der Erde nachhaltig zu nutzen und zu bewahren. Er erinnert uns daran, dass die Erde genug bietet, um die Bedürfnisse aller zu erfüllen, aber nur, wenn wir verantwortungsvoll und achtsam mit ihren Ressourcen umgehen.

Gandhi warnte vor den Auswirkungen von Gier und übermäßigem Konsumverhalten auf die Umwelt und die Gesellschaft. Er erkannte, dass eine maßlose Gier nach materiellem Besitz und Reichtum zu Ausbeutung, Ungleichheit und Umweltzerstörung führen kann.

Das Zitat von Gandhi erinnert uns daran, dass die Ressourcen der Erde gerecht und solidarisch geteilt werden sollten, damit alle Menschen ihre Grundbedürfnisse befriedigen können. Er plädierte für eine gerechte Verteilung von Ressourcen und die Bekämpfung von Armut und Ungleichheit.

Gandhi forderte eine Lebensweise der Einfachheit, Bescheidenheit und Selbstverantwortung. Er ermutigte dazu, bewusste Entscheidungen zu treffen und auf die Bedürfnisse anderer Rücksicht zu nehmen, anstatt nur den eigenen materiellen Wohlstand zu verfolgen.

Insgesamt erinnert uns dieses Zitat von Gandhi daran, dass wir als Individuen und als Gesellschaft eine Verantwortung für den Schutz und die nachhaltige Nutzung der Ressourcen der Erde haben. Es ruft uns dazu auf, unsere Lebensweise zu überdenken und uns auf das Wesentliche zu konzentrieren, um eine harmonische Beziehung zur Natur und zu anderen Menschen zu pflegen.

Das größte Vergnügen im Leben
besteht darin,
das zu tun,
von dem die Leute sagen,
du könntest es nicht.

Die Worte von Gandhi drücken die Botschaft der Selbstüberwindung, des persönlichen Wachstums und der Verwirklichung von Träumen aus.

Das Zitat ermutigt dazu, an sich selbst zu glauben und trotz Zweifeln oder Kritik den eigenen Weg zu gehen. Es erinnert uns daran, dass unser größtes Vergnügen darin besteht, uns selbst herauszufordern und unsere eigenen Grenzen zu überschreiten.

Es ermutigt dazu, mutig zu sein und Risiken einzugehen, auch wenn andere uns davon abraten oder bezweifeln, dass wir erfolgreich sein können. Es fordert uns auf, uns nicht von den Erwartungen oder Meinungen anderer einschränken zu lassen, sondern unseren eigenen Weg zu gehen.

Das Zitat betont, dass wahres Vergnügen und Erfüllung im Leben daraus resultieren, dass man seine Träume verfolgt und Dinge erreicht, die andere für unmöglich halten. Es erinnert uns daran, dass wir uns nicht nur auf das konzentrieren sollten, was gesellschaftlich akzeptiert oder erwartet wird, sondern auf das, was uns wirklich glücklich macht und erfüllt.

Insgesamt drückt dieses Zitat die Botschaft aus, dass das Leben dazu da ist, Herausforderungen anzunehmen, Risiken einzugehen und unsere eigenen Träume zu verfolgen, unabhängig von den Erwartungen oder Zweifeln anderer. Es erinnert uns daran, dass wir die Architekten unseres eigenen Glücks und Erfolgs sind und dass wahre Freude darin besteht, unser volles Potenzial zu entfalten und das zu tun, wovon wir wirklich begeistert sind.

Die Schönheit des Lebens
liegt in der Einfachheit.

In einer Welt, die oft von Komplexität und Hektik geprägt ist, ist es wichtig, sich immer wieder auf das Wesentliche zu besinnen. Das Zitat "Die Schönheit des Lebens liegt in der Einfachheit" erinnert uns daran, dass wir die Schönheit und Fülle des Lebens oft in den kleinen und alltäglichen Dingen finden können. Vielleicht können wir heute bewusst einen Moment der Stille und Ruhe genießen, einen Spaziergang in der Natur machen oder einfach Zeit mit unseren Liebsten verbringen, ohne von äußeren Ablenkungen abgelenkt zu werden. Indem wir uns auf das Einfache und Natürliche konzentrieren, können wir mehr Achtsamkeit, Zufriedenheit und innere Ruhe in unser Leben bringen.

Ein reiches Leben besteht nicht aus
dem Besitz von Gütern,
sondern aus dem Maß der Liebe,
das man empfangen
und geben kann.

Die Worte von Mahatma Gandhi erinnern uns daran, dass wahrer Reichtum nicht in materiellen Besitztümern liegt, sondern in unseren zwischenmenschlichen Beziehungen und in der Fähigkeit, Liebe zu geben und zu empfangen. Vielleicht können wir heute bewusst darauf achten, wie wir unsere Zeit und Energie verwenden. Können wir mehr Liebe und Mitgefühl in unsere Interaktionen mit anderen einbringen? Können wir uns heute darauf konzentrieren, großzügiger zu sein und anderen Liebe und Unterstützung zu schenken? Indem wir unsere Aufmerksamkeit auf das Geben und Empfangen von Liebe lenken, können wir ein erfüllteres und reicheres Leben führen, das von bedingungsloser Liebe und echten zwischenmenschlichen Verbindungen geprägt ist.

In der Einfachheit
findet man die Wahrheit.

In der hektischen Welt, in der wir leben, kann es leicht sein, sich in einem Meer von Komplexität und Ablenkungen zu verlieren. Doch das Zitat "In der Einfachheit findet man die Wahrheit" erinnert uns daran, dass die Wahrheit oft in den einfachen und klaren Momenten des Lebens zu finden ist. Vielleicht können wir heute bewusst einen Schritt zurücktreten und uns auf das Wesentliche konzentrieren. Indem wir die Stille suchen, unseren Geist beruhigen und uns von äußeren Ablenkungen lösen, können wir einen klaren Blick auf die Wahrheit werfen, die in unserem Inneren verborgen liegt. Vielleicht entdecken wir in der Einfachheit des Augenblicks die Antworten, nach denen wir gesucht haben, und finden einen tieferen Sinn und Zweck in unserem Leben.

Der Weg zur Freiheit
ist eine ständige Verpflichtung
zur Wahrheit.

Mit diesen Worten möchte Gandhi der Nachwelt die Botschaft übermitteln, dass der Weg zur Freiheit untrennbar mit der Verpflichtung zur Wahrheit verbunden ist.

Gandhi betonte die Bedeutung von Gewaltlosigkeit und Ethik im Streben nach Freiheit und Gerechtigkeit. Die Verpflichtung zur Wahrheit bedeutet, dass die Mittel, die wir verwenden, um Freiheit zu erreichen, ebenso wichtig sind wie das Endziel selbst. Nur durch die Einhaltung ethischer Prinzipien können wir eine gerechtere und freiere Gesellschaft aufbauen.

Gandhi ermutigte zur Selbstreflexion und zur Suche nach innerer Wahrheit. Der Weg zur Freiheit erfordert, dass wir uns ehrlich mit uns selbst und unseren Motiven auseinandersetzen. Indem wir authentisch sind und uns für die Wahrheit einsetzen, können wir die Welt um uns herum verändern.

Die Verpflichtung zur Wahrheit erinnert uns daran, dass Freiheit nicht einfach gegeben ist, sondern dass wir sie aktiv gestalten müssen. Jeder von uns trägt die Verantwortung, sich für die Wahrheit einzusetzen und gegen Ungerechtigkeit und Unterdrückung einzutreten. Es erfordert ein ständiges

Engagement und eine Bereitschaft, für das einzustehen, was richtig ist.

Gandhi möchte der Nachwelt ein Erbe der Weisheit hinterlassen, dass die Bedeutung von Wahrheit und Gewaltlosigkeit im Streben nach Freiheit betont. Diese Worte dienen als Anleitung und Inspiration für zukünftige Generationen, die sich für Gerechtigkeit und menschliche Würde einsetzen.

Insgesamt möchte Gandhi der Nachwelt mit diesen Worten eine Botschaft der Hoffnung, der Verpflichtung und der Weisheit übermitteln. Sie erinnern uns daran, dass der Weg zur Freiheit untrennbar mit der Verpflichtung zur Wahrheit verbunden ist und dass wir alle eine Rolle dabei spielen, eine gerechtere und freiere Welt zu schaffen.

Die wahre Stärke
liegt nicht im Körper,
sondern im Willen.

Die Worte erinnern dich daran, dass deine inneren Überzeugungen und deine Entschlossenheit oft viel wichtiger sind als äußere Faktoren oder physische Fähigkeiten. In den Momenten, in denen du vor Herausforderungen stehst oder dich schwach fühle, ist es dein unbeugsamer Wille, der dich vorantreibt und dich befähigt, über deine Grenzen hinaus zu wachsen. Diese Erkenntnis gibt dir die Kraft, dich deinen Ängsten zu stellen, Hindernisse zu überwinden und deine Ziele mit Entschlossenheit und Überzeugung zu verfolgen. Letztendlich liegt die wahre Stärke darin, an dich selbst zu glauben und den Willen zu haben, dein Bestes zu geben, unabhängig von den äußeren Umständen.

Die menschliche Stimme
kann Veränderungen bewirken.

Das Zitat erinnert uns daran, dass unsere Worte und unser Handeln die Kraft haben, die Welt um uns herum zu gestalten und positive Veränderungen herbeizuführen. Ein beeindruckendes Beispiel dafür ist die Geschichte von Malala Yousafzai, einer jungen pakistanischen Aktivistin für Bildung und Frauenrechte.

Trotz ihrer Jugend und der Bedrohungen durch extremistische Gruppen setzte sich Malala mutig für das Recht auf Bildung von Mädchen in ihrer Heimat ein. Sie nutzte ihre Stimme, um auf die Unterdrückung und Diskriminierung von Frauen hinzuweisen und forderte ein Ende der Gewalt und der Einschränkungen für Mädchen, die eine Ausbildung erhalten möchten.

Malalas Einsatz für Bildung und Frauenrechte führte zu weltweiter Aufmerksamkeit und Anerkennung. Ihre mutige Stimme inspirierte Menschen auf der ganzen Welt, sich für die Rechte von Mädchen einzusetzen und gegen Ungerechtigkeit und Unterdrückung vorzugehen. Malala wurde dafür mit dem Friedensnobelpreis ausgezeichnet und ist heute eine Symbolfigur für den Einsatz für Bildung und Frauenrechte weltweit.

Dieses Beispiel zeigt, wie eine einzelne Stimme, wenn sie mit Entschlossenheit und Mut erhoben wird, Veränderungen bewirken kann und die Welt zum Besseren verändern kann. Es erinnert uns daran, dass wir alle die Kraft haben, Veränderungen herbeizuführen, wenn wir uns für unsere Überzeugungen einsetzen und unsere Stimme für das Gute erheben.

Die Geschichte der Spinnräder:

Gandhi war ein großer Verfechter der Selbstversorgung und der wirtschaftlichen Unabhängigkeit Indiens. Als Symbol für diese Bemühungen förderte er die Verwendung von Spinnrädern, um indisches Tuch herzustellen, anstatt es von den Briten zu importieren. Er ermutigte die Menschen, Spinnräder zu benutzen und sich selbst zu versorgen, anstatt auf Importe angewiesen zu sein. Gandhi selbst war ein begeisterter Spinner und setzte sich leidenschaftlich für die Wiederbelebung der Spinntradindustrie ein. Diese Bewegung trug nicht nur zur wirtschaftlichen Unabhängigkeit Indiens bei, sondern symbolisierte auch die Ideale der Selbstversorgung, der Einfachheit und der Selbstbestimmung, die Gandhi sein ganzes Leben lang verkörperte.

Diese Geschichten aus Gandhis Leben zeigen sein Engagement für Prinzipien wie gewaltlosen Widerstand, Selbstversorgung und soziale Gerechtigkeit und inspirieren Menschen auf der ganzen Welt bis heute.

Der beste Weg,
sich selbst zu finden,
ist,
sich in Dienst an anderen
zu verlieren.

Das Zitat lädt uns dazu ein, über die Bedeutung von Mitgefühl, Hingabe und Selbstlosigkeit nachzudenken. Indem wir uns für das Wohl anderer einsetzen und uns in den Dienst der Gemeinschaft stellen, können wir nicht nur anderen helfen, sondern auch uns selbst entdecken und weiterentwickeln.

Ein inspirierendes Beispiel hierfür ist die Geschichte von Mother Teresa, einer Ordensschwester und Missionarin, die ihr Leben der Fürsorge und Hilfe für die Armen und Bedürftigen in Indien widmete. Trotz widriger Umstände und persönlicher Herausforderungen setzte sich Mother Teresa unermüdlich für die Ärmsten der Armen ein und spendete Trost und Hoffnung, wo sie gebraucht wurde.

Durch ihren selbstlosen Dienst und ihre bedingungslose Liebe zu anderen fand Mother Teresa nicht nur ihre eigene Berufung und Erfüllung, sondern inspirierte auch Millionen von Menschen weltweit, sich für die Schwächsten in der Gesellschaft einzusetzen. Ihr Leben ist ein lebendiges Beispiel dafür, dass der Weg zur Selbstfindung oft darin besteht, sich selbst in den Dienst anderer zu stellen und durch Handeln aus Liebe und Mitgefühl Erfüllung zu finden.

Dieses Beispiel erinnert uns daran, dass wahre Erfüllung und Selbstfindung oft durch die Hingabe an eine größere Sache und den Dienst an anderen erreicht werden können. Indem wir uns für das Wohl anderer einsetzen und unsere Fähigkeiten und Ressourcen teilen, können wir nicht nur dazu beitragen, die Welt zu einem besseren Ort zu machen, sondern auch unsere eigene innere Erfüllung und Zufriedenheit finden.

Das Zitat erinnert uns daran, dass selbst die kleinste Handlung des Guten das Potenzial hat, weitreichende Auswirkungen zu haben und positive Veränderungen in der Welt zu bewirken. Es fordert uns auf, uns bewusst zu werden, dass jede positive Tat, jedes freundliche Wort und jede liebevolle Geste dazu beitragen, Licht in die Dunkelheit zu bringen und Hoffnung zu verbreiten.

Ein Beispiel hierfür ist die Geschichte von Anne Frank, einem jüdischen Mädchen, das während des Holocausts im Versteck lebte und ein Tagebuch führte. Obwohl sie inmitten von Leid und Grausamkeit war, hielt Anne Frank an ihrem Glauben an das Gute im Menschen fest und fand Trost in der Kraft ihrer eigenen Worte.

Anne Franks Tagebuch, das später veröffentlicht wurde, inspirierte Millionen von Menschen auf der ganzen Welt mit seiner Botschaft der Hoffnung, des Mitgefühls und der Menschlichkeit. Obwohl Anne Frank selbst nicht mehr am Leben ist, lebt ihr Vermächtnis weiter und erinnert uns daran, dass die Macht des Guten unermesslich ist und selbst in den dunkelsten Zeiten des Lebens Licht und Hoffnung spenden kann.

Dieses Beispiel zeigt, dass selbst in den schwierigsten und hoffnungslosesten Situationen das Gute eine transformative Kraft hat und die Fähigkeit besitzt, Herzen zu berühren, Geister zu erheben und die Welt zu verändern. Es ermutigt uns, unsere eigenen Fähigkeiten und Ressourcen für das Gute einzusetzen und zu erkennen, dass wir alle die Macht haben, positive Veränderungen herbeizuführen, wenn wir uns für das Gute einsetzen und Liebe in die Welt bringen.

Gute Taten sind wie Samen,
die in Zukunft erblühen.

Das Zitat erinnert uns daran, dass jede positive Handlung, die wir setzen, wie ein Samen ist, der in der Zukunft Früchte trägt. Es lädt uns dazu ein, mit Achtsamkeit und Mitgefühl zu handeln, da unsere Handlungen nicht nur Auswirkungen auf den gegenwärtigen Moment haben, sondern auch auf die Zukunft.

Ein inspirierendes Beispiel für dieses Konzept ist das Leben von Dr. Martin Luther King Jr., einem prominenten Führer der amerikanischen Bürgerrechtsbewegung. Dr. King setzte sich gewaltlos für Gleichberechtigung und soziale Gerechtigkeit ein und inspirierte Millionen von Menschen auf der ganzen Welt mit seiner Botschaft des Friedens, der Liebe und der Gewaltlosigkeit.

Obwohl Dr. King während seines Lebens mit Widerstand und Feindseligkeit konfrontiert war, setzte er unbeirrt seinen Kampf für Gleichberechtigung und Freiheit fort. Seine guten Taten und sein Einsatz für die Bürgerrechte haben nicht nur in seiner Zeit Auswirkungen gehabt, sondern sind auch heute noch spürbar und inspirierend für kommende Generationen.

Dr. Kings Vermächtnis erinnert uns daran, dass unsere guten Taten nicht nur in der Gegenwart Früchte tragen, sondern auch in der Zukunft weiterwirken und positive Veränderungen bewirken können. Jede Handlung des Mitgefühls, der Großzügigkeit und der Freundlichkeit ist wie ein Samen, der eine Welt des Wandels und der Hoffnung für kommende Generationen pflanzt. Indem wir bewusst gute Taten setzen, können wir dazu beitragen, eine bessere Zukunft für alle zu schaffen.

Wenn du etwas ändern willst,
beginne mit dir selbst.

Das Zitat erinnert uns daran, dass Veränderung von innen heraus entsteht und dass wir die Kraft haben, positive Veränderungen in der Welt zu bewirken, indem wir bei uns selbst anfangen. Es fordert uns auf, selbst Verantwortung zu übernehmen und aktiv dazu beizutragen, die Welt um uns herum zu verbessern.

Ein beeindruckendes Beispiel für dieses Konzept ist die Geschichte von Mahatma Gandhi selbst. Gandhi glaubte fest daran, dass echte Veränderung nur durch innere Transformation und persönliche Verantwortung erreicht werden kann.

Während seiner Lebenszeit setzte Gandhi sich unermüdlich für soziale Gerechtigkeit, Gewaltlosigkeit und die Beseitigung von Ungerechtigkeit ein. Er begann seinen Kampf für die Unabhängigkeit Indiens, indem er selbst ein Beispiel für die Veränderungen war, die er in der Welt sehen wollte. Gandhi praktizierte Gewaltlosigkeit, Selbstverzicht und Wahrhaftigkeit in seinem eigenen Leben und inspirierte dadurch Millionen von Menschen, seinem Beispiel zu folgen.

Gandhis Leben und Vermächtnis erinnern uns daran, dass echte Veränderung von innen kommt und dass wir die Welt um uns herum nicht ändern können, ohne zuerst uns selbst zu ändern. Indem wir an unseren eigenen Werten und Handlungen arbeiten und uns für eine bessere Welt einsetzen, können wir einen positiven Einfluss auf unser Umfeld haben und dazu beitragen, eine gerechtere und friedlichere Welt zu schaffen.

Die größte Offenbarung ist die Stille.

Das Zitat lädt uns dazu ein, die Bedeutung von Stille und innerer Ruhe zu erkennen. Es erinnert uns daran, dass wir oft in Momenten der Stille und des Rückzugs die wertvollsten Einsichten und Erkenntnisse gewinnen können.

Ein inspirierendes Beispiel für dieses Konzept ist die Geschichte von Siddhartha Gautama, dem historischen Buddha. Siddhartha verbrachte viele Jahre damit, in Stille und Meditation zu verweilen, auf der Suche nach der Wahrheit über das Leben und das Leiden. Es war erst in einem Moment der tiefen Meditation unter dem Bodhi-Baum, als er sich von äußeren Ablenkungen und Begierden befreite, dass er die Erleuchtung erlangte und das Wesen des menschlichen Leidens verstand.

Die Erfahrung des Buddha zeigt, dass wahre Erkenntnis und spirituelles Wachstum oft in der Stille und im Inneren gefunden werden können. Indem wir uns Zeit für Meditation, Kontemplation und innere Einkehr nehmen, können wir uns von äußeren Ablenkungen lösen und eine tiefere Verbindung zu unserem inneren Selbst und zur Welt um uns herum herstellen.

Dieses Zitat erinnert uns daran, dass die Stille nicht nur ein Mangel an Geräuschen ist, sondern auch eine Quelle der Inspiration, der Einsicht und der spirituellen Erfahrung sein kann. Indem wir uns regelmäßig in die Stille zurückziehen und uns auf unser Inneres konzentrieren, können wir die größten Offenbarungen und Erkenntnisse über uns selbst und das Leben gewinnen.

Der Weg des Friedens
erfordert Mut,
Gerechtigkeit und Ausdauer.

Diese Worte erinnern uns daran, dass Frieden nicht einfach gegeben ist, sondern aktiv geschaffen werden muss. Es fordert uns auf, mutig für Gerechtigkeit einzutreten und mit Ausdauer an einer friedlichen Lösung von Konflikten zu arbeiten.

Ein inspirierendes Beispiel für dieses Konzept ist die Lebensgeschichte von Nelson Mandela, einem der bedeutendsten Führer im Kampf gegen die Apartheid in Südafrika. Mandela verbrachte 27 Jahre im Gefängnis, weil er sich gegen das ungerechte Regime der Apartheid stellte. Trotz unermesslicher Herausforderungen und persönlicher Opfer blieb Mandela seinem Engagement für Gerechtigkeit und Frieden treu.

Nach seiner Freilassung setzte Mandela sich weiterhin unermüdlich für Versöhnung und Gerechtigkeit in Südafrika ein. Er verfolgte einen Weg des Dialogs und der Vergebung, um die Spaltung im Land zu überwinden und einen friedlichen Übergang zur Demokratie zu ermöglichen. Mandela zeigte, dass der Weg des Friedens oft mit vielen Hindernissen und Rückschlägen verbunden ist, aber mit Mut, Gerechtigkeit und Ausdauer möglich ist.

Mandelas Leben und Wirken erinnern uns daran, dass der Weg des Friedens nicht einfach ist, aber dass er sich lohnt. Indem wir mutig für Gerechtigkeit eintreten und mit Ausdauer an einer friedlichen Lösung von Konflikten arbeiten, können wir einen positiven Beitrag zur Schaffung einer gerechteren und friedlicheren Welt leisten.

Ein Leben ohne Liebe
ist wie ein Garten ohne Sonne.

Das Zitat drückt die unverzichtbare Bedeutung von Liebe für ein erfülltes und lebendiges Leben aus. Es erinnert uns daran, dass Liebe wie die Sonne ist, die unseren Lebensgarten zum Blühen bringt und uns Wärme und Licht schenkt.

Ein berührendes Beispiel hierfür ist die Geschichte von Helen Keller, einer bemerkenswerten Frau, die trotz ihrer schweren Behinderung ein erfülltes und inspirierendes Leben führte. Helen Keller wurde taubblind geboren und war zunächst von der Welt um sie herum isoliert. Doch durch die Liebe und Hingabe ihrer Lehrerin Anne Sullivan erfuhr sie Zugang zur Sprache und Bildung.

Die Liebe und Unterstützung von Anne Sullivan ermöglichte es Helen Keller, ihre Fähigkeiten zu entfalten und ihr volles Potenzial zu verwirklichen. Durch ihre bemerkenswerte Entschlossenheit und Liebe zum Leben wurde Helen Keller zu einer inspirierenden Persönlichkeit, die die Welt mit ihrer Weisheit und Menschlichkeit bereicherte.

Die Geschichte von Helen Keller zeigt, dass Liebe nicht nur zwischen Liebespartnern existiert, sondern in allen Formen von zwischenmenschlichen Beziehungen. Sie erinnert uns daran, dass Liebe nicht nur unser Leben erhellt, sondern auch die Kraft hat, Hindernisse zu überwinden und uns zu erheben, selbst in den dunkelsten Zeiten.

Indem wir Liebe in unser Leben lassen und sie großzügig teilen, können wir unseren eigenen Lebensgarten mit Schönheit, Freude und Erfüllung füllen. Denn wie die Sonne im Garten ist, die Liebe das, was unser Leben zum Blühen bringt und uns inneren Frieden und Glück schenkt.

*Die Wahrheit ist der einzige Weg
zum Frieden.*

Das Zitat unterstreicht die Bedeutung von Ehrlichkeit und Transparenz in zwischenmenschlichen Beziehungen sowie in der Gesellschaft als Ganzes. Es erinnert uns daran, dass wahre und aufrichtige Kommunikation eine wesentliche Voraussetzung für das Erreichen von Frieden und Harmonie ist.

Ein bewegendes Beispiel hierfür ist die Geschichte von Desmond Tutu, einem südafrikanischen anglikanischen Geistlichen und Friedensnobelpreisträger. Während der Zeit der Apartheid in Südafrika setzte sich Tutu mutig für Gerechtigkeit und Versöhnung ein. Er war einer der führenden Köpfe der Wahrheits- und Versöhnungskommission, die nach dem Ende der Apartheid gegründet wurde, um die Wahrheit über die Menschenrechtsverletzungen während dieser dunklen Zeit ans Licht zu bringen.

Tutu glaubte fest daran, dass nur durch die Offenlegung der Wahrheit und die Konfrontation mit den Verbrechen der Vergangenheit wahre Versöhnung und Heilung möglich sind. Indem er die Opfer ermutigte, ihre Geschichten zu erzählen, und die Täter zur Rechenschaft zog, trug Tutu maßgeblich dazu bei, den Grundstein für eine gerechtere und friedlichere Gesellschaft in Südafrika zu legen.

Die Geschichte von Desmond Tutu verdeutlicht, dass der Weg zum Frieden oft mit der Anerkennung und Konfrontation der Wahrheit beginnt. Indem wir uns der Realität stellen und uns für die Wahrheit einsetzen, können wir die Grundlage für echte Veränderungen schaffen und den Weg zu einer friedlicheren und gerechteren Welt ebnen.

Ein Mensch ohne Ethik
ist wie ein Baum ohne Wurzeln.

Das Zitat verdeutlicht die fundamentale Bedeutung von Ethik und moralischen Werten für das menschliche Leben. Es betont, dass unsere ethischen Überzeugungen und Handlungen die Grundlage unseres Seins bilden, ähnlich wie die Wurzeln eines Baumes ihm Stabilität und Nährstoffe bieten.

Ein inspirierendes Beispiel für dieses Konzept ist die Lebensgeschichte von Mahatma Gandhi, einem der einflussreichsten spirituellen und politischen Führer des 20. Jahrhunderts. Gandhi war fest in seinen ethischen Überzeugungen verwurzelt, darunter Gewaltlosigkeit, Wahrhaftigkeit und Dienst an anderen. Diese moralischen Prinzipien leiteten sein Handeln und führten ihn auf einen Weg des Widerstands gegen Ungerechtigkeit und Unterdrückung.

Trotz vieler Herausforderungen und Rückschläge blieb Gandhi seinen ethischen Werten treu und setzte sich unbeirrt für die Befreiung Indiens und die Verbesserung der Lebensbedingungen der Unterdrückten ein. Sein Beispiel zeigt, dass eine feste ethische Grundlage uns dabei unterstützt, standhaft zu bleiben und auch in schwierigen Zeiten das Richtige zu tun.

Die Geschichte von Mahatma Gandhi erinnert uns daran, dass Ethik nicht nur ein abstraktes Konzept ist, sondern eine entscheidende Rolle in unserem Leben spielt. Indem wir uns an unseren ethischen Werten orientieren und sie in unserem Handeln zum Ausdruck bringen, können wir wie Bäume mit starken Wurzeln werden, die fest im Boden verankert sind und standhaft den Stürmen des Lebens trotzen.

Liebe und Wahrheit
gehen Hand in Hand.

Die Worte Gandhis bringt die enge Verbindung zwischen diesen beiden grundlegenden menschlichen Werten zum Ausdruck. Es verdeutlicht, dass wahre Liebe ohne Wahrhaftigkeit nicht vollständig sein kann und dass Wahrheit ohne Liebe oft als hart und unbarmherzig empfunden wird.

Ein berührendes Beispiel für dieses Konzept ist die Geschichte von Anne Frank, einem jungen jüdischen Mädchen, das während des Holocausts im Versteck lebte und ein Tagebuch führte. Anne Frank drückte in ihrem Tagebuch nicht nur ihre Ängste und Sorgen aus, sondern auch ihre Hoffnungen und Träume. Trotz der schrecklichen Umstände, denen sie ausgesetzt war, bewahrte Anne Frank ihre Liebe zum Leben und zur Menschlichkeit.

Die Wahrheit, die Anne Frank in ihrem Tagebuch niederschrieb, berührte Millionen von Menschen auf der ganzen Welt und wurde zu einem Symbol der Menschlichkeit und Hoffnung in Zeiten der Dunkelheit. Ihre Worte erinnern uns daran, dass Liebe und Wahrheit untrennbar miteinander verbunden sind und dass wir beide Werte in unserem Leben pflegen und schätzen sollten.

Die Geschichte von Anne Frank zeigt, dass wahre Liebe oft Mut erfordert, die Wahrheit auszusprechen und sich für das Gute einzusetzen, selbst wenn es unbequem ist. Indem wir die Wahrheit mit Liebe aussprechen und handeln, können wir dazu beitragen, eine Welt des Mitgefühls, der Toleranz und der Verständigung zu schaffen.

Fasten für die Gewaltlosigkeit:

Während des indischen Unabhängigkeitskampfes führte Gandhi mehrere Fastenkuren durch, um gegen Gewalt und Spaltungen innerhalb der indischen Gemeinschaft zu protestieren. Eine besonders bemerkenswerte Fastenkampagne fand im Jahr 1947 statt, als Indien auf die Teilung in Indien und Pakistan zusteuerte. Gandhi war zutiefst besorgt über die wachsende Gewalt zwischen Hindus und Muslimen und die Aussicht auf Blutvergießen bei der Teilung des Landes. Um die Menschen zur Vernunft zu bringen und sie zur Gewaltlosigkeit zu ermutigen, begann Gandhi einen Fastenstreik. Sein Fasten dauerte 21 Tage und führte zu einem landesweiten Aufschrei und einer Bewegung für Frieden und Versöhnung. Gandhis Opferbereitschaft und seine Hingabe an die Prinzipien der Gewaltlosigkeit inspirierten Millionen von Menschen und trugen dazu bei, das Ausmaß der Gewalt zu verringern, das während der Teilung Indiens befürchtet wurde.

Diese Geschichten zeigen Gandhis außergewöhnliche Opferbereitschaft, sein Mitgefühl und seine Entschlossenheit, für das Wohl anderer einzutreten und positive Veränderungen herbeizuführen. Sie dienen als lebendige Beispiele dafür, wie eine einzige Person durch ihre Handlungen und ihren Glauben an die Macht der Gewaltlosigkeit die Welt verändern kann.

*Ein einfaches Leben
bringt innere Ruhe.*

Das Zitat betont die Kraft und Schönheit der Einfachheit im Leben. Es erinnert uns daran, dass materieller Reichtum und übermäßiger Konsum nicht unbedingt zu innerer Zufriedenheit führen, sondern dass wahre Erfüllung oft in einem Leben liegt, das von Bescheidenheit, Achtsamkeit und Minimalismus geprägt ist.

Ein inspirierendes Beispiel für dieses Konzept ist die Lebensweise von Mahatma Gandhi selbst. Gandhi lebte ein Leben der Einfachheit und Bescheidenheit, indem er auf luxuriöse Annehmlichkeiten verzichtete und sich auf das Wesentliche konzentrierte. Seine Entscheidung für ein einfaches Leben ermöglichte es ihm, sich auf seine spirituelle Entwicklung und seinen Dienst an anderen zu konzentrieren.

Trotz seines Verzichts auf materiellen Wohlstand war Gandhi reich an innerer Ruhe und Zufriedenheit. Seine einfache Lebensweise ermöglichte es ihm, ein Leben zu führen, das im Einklang mit seinen ethischen Überzeugungen und seinem spirituellen Pfad stand. Gandhi zeigte, dass wahre Erfüllung nicht durch äußeren Reichtum erreicht wird, sondern durch inneren Frieden und spirituelles Wachstum.

Die Geschichte von Mahatma Gandhi erinnert uns daran, dass wir durch die Vereinfachung unseres Lebens und die Reduzierung von materiellem Besitz und äußeren Ablenkungen inneren Frieden und Ruhe finden können. Indem wir uns auf das Wesentliche konzentrieren und bewusst auf Überflüssiges verzichten, können wir ein Leben führen, das uns inneren Reichtum und Zufriedenheit schenkt.

Die größte Form des Widerstands
ist die Gewaltlosigkeit.

Das Zitat bringt die transformative Kraft der Gewaltlosigkeit im Kampf für Gerechtigkeit und Freiheit zum Ausdruck. Es betont, dass die Ablehnung von Gewalt und die Wahl der Gewaltlosigkeit als Mittel des Widerstands eine außergewöhnliche Stärke und moralische Überlegenheit zeigen.

Ein beeindruckendes Beispiel für dieses Konzept ist die Lebensweise und die Philosophie von Mahatma Gandhi selbst, der als prominentester Vertreter der Gewaltlosigkeit als politische Strategie zählt. Gandhi setzte sich während der indischen Unabhängigkeitsbewegung auf gewaltlose Weise für die Befreiung Indiens von der britischen Kolonialherrschaft ein. Seine Strategie des zivilen Ungehorsams und des passiven Widerstands mobilisierte Millionen von Menschen und führte letztendlich zur Unabhängigkeit Indiens im Jahr 1947.

Gandhis Beispiel verdeutlicht, dass Gewaltlosigkeit nicht gleichbedeutend mit Passivität oder Schwäche ist, sondern eine aktive und kraftvolle Form des Widerstands darstellt. Indem man sich entscheidet, auf Gewalt zu verzichten und stattdessen auf Prinzipien der Liebe, Wahrheit und Gerechtigkeit zu setzen, kann man eine tiefgreifende Veränderung bewirken und eine friedlichere und gerechtere Welt schaffen.

Die Geschichte von Mahatma Gandhi und anderen gewalt-losen Aktivisten erinnert uns daran, dass wir die Macht haben, durch gewaltlose Mittel für positive Veränderungen einzutre-ten und Ungerechtigkeit zu bekämpfen. Indem wir uns für die Gewaltlosigkeit entscheiden und uns gegen die Versuchung der Gewalt erheben, können wir den Weg zu einer Welt des Friedens und der Harmonie ebnen.

Die Freiheit des Einzelnen
endet dort,
wo die Freiheit
eines anderen beginnt.

Das Zitat unterstreicht die Bedeutung von Rücksichtnahme, Respekt und Verantwortung in einer Gesellschaft. Es verdeutlicht, dass individuelle Freiheit zwar wichtig ist, aber dass sie durch die Freiheit anderer Menschen begrenzt wird und dass wir alle verpflichtet sind, die Rechte und Freiheiten anderer zu respektieren.

Ein eindrucksvolles Beispiel für dieses Konzept ist die Philosophie der politischen und sozialen Gleichheit von Rosa Parks, einer afroamerikanischen Bürgerrechtlerin, die als Symbolfigur des amerikanischen Bürgerrechtskampfes gilt. Rosa Parks weigerte sich im Jahr 1955, ihren Sitzplatz im Bus einem weißen Passagier zu überlassen, und wurde deshalb verhaftet. Ihr Akt des zivilen Ungehorsams löste den Montgomery-Busboykott aus, eine der ersten großen gewaltlosen Protestaktionen der amerikanischen Bürgerrechtsbewegung.

Rosa Parks' Handeln zeigt, dass individuelle Freiheit und persönliche Integrität manchmal bedeuten können, gegen ungerechte Gesetze und Normen zu verstoßen, um die Rechte und Freiheiten anderer zu verteidigen. Ihr Beispiel erinnert uns daran, dass wir alle eine Verantwortung dafür tragen, die Freiheiten und Rechte anderer zu schützen und zu respektieren, selbst wenn es bedeutet, unsere eigenen Freiheiten einzuschränken.

Die Geschichte von Rosa Parks und anderen Bürgerrechtsaktivisten erinnert uns daran, dass die Freiheit eines jeden einzelnen untrennbar mit der Freiheit aller verbunden ist und dass wir alle eine Verantwortung dafür tragen, eine gerechte und gleichberechtigte Gesellschaft aufzubauen, in der die Rechte und Freiheiten aller respektiert und geschützt werden.

Handle immer so,
dass du den schwächsten Menschen
nicht verletzt.

Das Zitat "Handle immer so, dass du den schwächsten Menschen nicht verletzt" ruft uns dazu auf, Mitgefühl, Empathie und Rücksichtnahme gegenüber denjenigen zu zeigen, die möglicherweise weniger privilegiert oder schutzbedürftiger sind als wir selbst. Es erinnert uns daran, dass die wahre Größe einer Gesellschaft darin liegt, wie sie mit ihren schwächsten Mitgliedern umgeht, und dass unser Handeln und unsere Entscheidungen darauf abzielen sollten, die Würde und das Wohlergehen aller zu schützen.

Ein inspirierendes Beispiel für dieses Konzept ist die humanitäre Arbeit von Mutter Teresa, einer katholischen Ordensschwester, die ihr Leben der Hilfe für die Armen und Bedürftigen gewidmet hat. Mutter Teresa gründete die Missionarinnen der Nächstenliebe, eine Organisation, die sich weltweit für die Unterstützung von Obdachlosen, Kranken, Behinderten und Sterbenden einsetzt. Durch ihre unermüdliche Arbeit und ihren selbstlosen Einsatz inspirierte Mutter Teresa unzählige Menschen dazu, sich für die Schwächsten und Verletzlichsten in der Gesellschaft einzusetzen.

Das Beispiel von Mutter Teresa verdeutlicht, dass Mitgefühl und Empathie die Grundlagen eines menschenwürdigen und gerechten Zusammenlebens sind. Indem wir uns für die Schwächsten einsetzen und uns um ihr Wohl kümmern, tragen wir dazu bei, eine Welt zu schaffen, in der jeder Mensch die Möglichkeit hat, ein würdevolles und erfülltes Leben zu führen.

Die Botschaft des Zitats erinnert uns daran, dass unsere Handlungen und Entscheidungen immer darauf abzielen sollten, dass Wohl derjenigen zu schützen, die am meisten Unterstützung benötigen. Indem wir uns für die Schwächsten in unserer Gesellschaft einsetzen und ihre Rechte und Würde respektieren, können wir dazu beitragen, eine Welt zu schaffen, die von Mitgefühl, Gerechtigkeit und Solidarität geprägt ist.

*Wahre Zufriedenheit
kommt aus dem Herzen,
nicht aus dem Besitz.*

Das Zitat erinnert uns daran, dass materieller Reichtum und äußerlicher Besitz allein uns nicht dauerhaft glücklich machen können. Es betont die Bedeutung innerer Erfüllung und emotionaler Zufriedenheit, die aus liebevollen Beziehungen, persönlichem Wachstum und einem Sinn für Lebenszweck entspringen.

Ein berührendes Beispiel für die Wahrheit dieses Zitats findet sich in Mahatma Gandhis Lebensweise. Gandhi lebte ein äußerst bescheidenes Leben und verzichtete auf materiellen Luxus zugunsten eines einfachen Lebensstils. Trotz seiner weltweiten Bekanntheit und seiner politischen Bedeutung besaß Gandhi nur wenige persönliche Gegenstände und lebte in einfachen Verhältnissen.

Seine wahre Zufriedenheit schöpfte Gandhi aus seinem Engagement für seine Überzeugungen und seinem Dienst an anderen. Seine tiefe Verbundenheit mit den Menschen, seine spirituelle Praxis und sein Streben nach Wahrheit und Gewaltlosigkeit waren die Quellen seines inneren Friedens und seiner Zufriedenheit. Gandhi zeigte, dass wahre Erfüllung nicht durch äußeren Reichtum erreicht wird, sondern durch innere Werte und eine bewusste Lebensweise.

Indem Gandhi auf materiellen Besitz verzichtete und stattdessen sein Leben dem Dienst an anderen und der Verwirklichung seiner ethischen Überzeugungen widmete, verkörperte er die Botschaft, dass wahre Zufriedenheit aus dem Herzen kommt. Sein Leben ist ein inspirierendes Beispiel dafür, dass wir durch ein einfaches Leben und eine Hingabe an unsere inneren Werte eine tiefere Erfüllung und Glückseligkeit finden können, die über den Besitz von materiellen Gütern hinausgeht.

Die größte Sünde gegen das Leben
ist Gleichgültigkeit.

Das Zitat "Die größte Sünde gegen das Leben ist Gleichgültigkeit" ruft uns dazu auf, unsere Mitmenschen und die Welt
um uns herum mit Anteilnahme und Empathie zu betrachten.
Es erinnert uns daran, dass Passivität und Desinteresse gegenüber den Bedürfnissen und dem Leiden anderer eine Verletzung der menschlichen Verbundenheit und Solidarität darstellen.

Ein eindrückliches Beispiel für die Ablehnung von Gleichgültigkeit findet sich in Gandhis Leben während seines Einsatzes
für die Unabhängigkeit Indiens. Gandhi war zutiefst bewegt
von den sozialen Ungerechtigkeiten und dem Leiden der indischen Bevölkerung unter der britischen Kolonialherrschaft.
Statt sich der Gleichgültigkeit hinzugeben, trat er mutig für die
Rechte der Unterdrückten ein und führte gewaltlose Proteste
gegen das koloniale Regime.

Gandhis Engagement und Empathie für die Leiden anderer
waren ein klares Gegenmittel gegen die Gleichgültigkeit. Er
mobilisierte die Menschen, um sich für ihre Rechte und ihre
Würde einzusetzen, und forderte sie auf, Verantwortung für
ihr eigenes Schicksal zu übernehmen. Sein Leben ist ein lebendiges Beispiel dafür, wie wir durch aktive Teilnahme und Mitgefühl gegen die Gleichgültigkeit ankämpfen können.

Indem Gandhi die Gleichgültigkeit herausforderte und sich für die Bedürfnisse und Rechte anderer einsetzte, verkörperte er die Botschaft, dass wir alle eine Verantwortung dafür tragen, uns aktiv für das Wohl anderer einzusetzen. Sein Leben erinnert uns daran, dass wir durch Mitgefühl und Empathie gegen die Gleichgültigkeit kämpfen können und dass wir durch unser Handeln einen positiven Beitrag zur Schaffung einer gerechteren und mitfühlenderen Welt leisten können.

Das größte Geschenk,
das wir geben können,
ist unsere Zeit.

Das Zitat ruft uns dazu auf, unsere Mitmenschen und die Welt um uns herum mit Anteilnahme und Empathie zu betrachten. Es erinnert uns daran, dass Passivität und Desinteresse gegenüber den Bedürfnissen und dem Leiden anderer eine Verletzung der menschlichen Verbundenheit und Solidarität darstellen.

Ein eindrückliches Beispiel für die Ablehnung von Gleichgültigkeit findet sich in Gandhis Leben während seines Einsatzes für die Unabhängigkeit Indiens. Gandhi war zutiefst bewegt von den sozialen Ungerechtigkeiten und dem Leiden der indischen Bevölkerung unter der britischen Kolonialherrschaft. Statt sich der Gleichgültigkeit hinzugeben, trat er mutig für die Rechte der Unterdrückten ein und führte gewaltlose Proteste gegen das koloniale Regime.

Gandhis Engagement und Empathie für die Leiden anderer waren ein klares Gegenmittel gegen die Gleichgültigkeit. Er mobilisierte die Menschen, um sich für ihre Rechte und ihre Würde einzusetzen, und forderte sie auf, Verantwortung für ihr eigenes Schicksal zu übernehmen. Sein Leben ist ein lebendiges Beispiel dafür, wie wir durch aktive Teilnahme und Mitgefühl gegen die Gleichgültigkeit ankämpfen können.

Indem Gandhi die Gleichgültigkeit herausforderte und sich für die Bedürfnisse und Rechte anderer einsetzte, verkörperte er die Botschaft, dass wir alle eine Verantwortung dafür tragen, uns aktiv für das Wohl anderer einzusetzen. Sein Leben erinnert uns daran, dass wir durch Mitgefühl und Empathie gegen die Gleichgültigkeit kämpfen können und dass wir durch unser Handeln einen positiven Beitrag zur Schaffung einer gerechteren und mitfühlenderen Welt leisten können.

> *Glück ist das Ergebnis dessen,*
> *was wir denken,*
> *was wir sagen und was wir tun.*

Das Zitat erinnert uns daran, dass Glück nicht nur von äußeren Umständen abhängt, sondern vor allem von unseren eigenen Gedanken, Worten und Taten beeinflusst wird. Es betont die Kraft der inneren Einstellung und der bewussten Entscheidungen, die wir täglich treffen, um unser Glück zu gestalten.

Ein berühmtes Beispiel, das die Bedeutung dieses Zitats in Gandhis Leben illustriert, ist seine Philosophie der Satyagraha, oder der gewaltlosen Wahrheit. Gandhi glaubte fest daran, dass die Kraft der Wahrheit und der Gewaltlosigkeit nicht nur politische Veränderungen bewirken könne, sondern auch zu einem tieferen inneren Glück führen könne.

Indem Gandhi selbst die Prinzipien der Wahrheit, Liebe und Gewaltlosigkeit lebte, erlebte er ein tiefes Gefühl des inneren Glücks und der Erfüllung, auch inmitten von Herausforderungen und Rückschlägen. Sein Glück resultierte aus seiner Fähigkeit, im Einklang mit seinen Überzeugungen und seinem Gewissen zu leben, und aus seinem Engagement für das Wohl anderer.

Gandhis Leben zeigt, dass wahres Glück nicht durch äußeren Erfolg oder materiellen Reichtum allein erreicht wird, sondern durch die Ausrichtung unserer Gedanken, Worte und Taten auf das Gute und das Wahre. Indem wir in Übereinstimmung mit unseren inneren Werten und Überzeugungen leben und unser Handeln für das Wohl anderer einsetzen, können wir ein tiefes und dauerhaftes Glücksgefühl erleben, das über äußere Umstände hinausgeht.

Es ist besser,
im Geist zu wachsen
als in der Körpergröße.

Das Zitat betont die Bedeutung von persönlichem Wachstum, innerer Entwicklung und geistiger Reife im Vergleich zu rein äußerlichen Merkmalen oder materiellem Erfolg. Es erinnert uns daran, dass wahre Größe nicht durch physische Attribute, sondern durch die Entwicklung unserer inneren Qualitäten und Fähigkeiten erreicht wird.

Mahatma Gandhi verkörperte die Botschaft dieses Zitats durch sein Streben nach persönlicher Entwicklung und spirituellem Wachstum. Obwohl er körperlich von eher zierlicher Statur war, zeigte Gandhi eine außergewöhnliche geistige Stärke und moralische Entschlossenheit, die ihn zu einem der einflussreichsten Führer des 20. Jahrhunderts machten.

Gandhi widmete sein Leben dem Dienst an anderen und der Verwirklichung seiner ethischen Überzeugungen. Durch seine Praxis der Gewaltlosigkeit, Wahrhaftigkeit und Selbstlosigkeit entwickelte er einen tiefen inneren Frieden und eine spirituelle Stärke, die ihn befähigten, unglaubliche Hindernisse zu überwinden und positive Veränderungen in der Welt herbeizuführen.

Sein Leben lehrt uns, dass wahre Größe nicht durch äußere Erscheinungen oder materiellen Erfolg definiert wird, sondern durch die Entwicklung unserer inneren Werte und Qualitäten.

Indem wir uns auf persönliches Wachstum und geistige Reife konzentrieren, können wir zu einer tieferen Erfüllung und einem sinnvollen Leben gelangen, das über oberflächliche Maßstäbe hinausgeht.

*Ein Lächeln ist die universelle
Sprache des Friedens.*

Die Worte von Gandhi drücken die kraftvolle Botschaft aus, dass freundliche Gesten und positive Emotionen eine Verbindung herstellen können, die über Sprach- und Kulturgrenzen hinweg reicht. Es erinnert uns daran, dass ein einfaches Lächeln die Fähigkeit hat, Barrieren abzubauen, Herzen zu öffnen und Frieden zu schaffen.

Während seines Lebens setzte Mahatma Gandhi, obwohl er oft mit schwierigen politischen Situationen konfrontiert war, stark auf die Macht des Lächelns, um Verbindungen zu schaffen und Spannungen zu lösen. Gandhi glaubte fest daran, dass Freundlichkeit und Mitgefühl die Grundlage für wirkliche Veränderungen und Harmonie bilden können.

Ein berühmtes Beispiel für Gandhis Einsatz von Freundlichkeit und Lächeln als Werkzeug des Friedens ereignete sich während seiner gewaltlosen Proteste gegen die britische Kolonialherrschaft. Trotz der harten Behandlung durch die britischen Behörden und der Anfeindungen durch politische Gegner bewahrte Gandhi stets sein ruhiges Gemüt und seine positive Ausstrahlung. Sein einfaches Lächeln vermittelte Hoffnung und Einheit inmitten von Konflikten und Schwierigkeiten und inspirierte viele Menschen dazu, sich seinem

gewaltlosen Kampf für Freiheit und Gerechtigkeit anzuschließen.

Dieses Beispiel zeigt, dass ein Lächeln nicht nur ein Ausdruck von Freundlichkeit ist, sondern auch eine mächtige
Waffe im Streben nach Frieden und Harmonie. Indem wir uns
bemühen, ein Lächeln zu teilen und Freundlichkeit zu zeigen,
können wir dazu beitragen, Brücken zwischen Menschen zu
bauen und eine Welt des gegenseitigen Respekts und der Verständigung zu schaffen.

Gandhis Einheit mit den Armen

In den 1930er Jahren reiste Gandhi durch die ländlichen
Gegenden Indiens, um die Lebensbedingungen der Armen zu
verstehen. Während einer dieser Reisen beschloss er, gemeinsam mit den armen Bauern zu leben und zu arbeiten, um ihre
Herausforderungen aus erster Hand zu erleben. Gandhi verzichtete auf seinen gewohnten Lebensstil und nahm die einfache Lebensweise der Bauern an. Er schlief auf dem Boden,
trug einfache Kleidung und aß bescheidene Mahlzeiten. Diese
Erfahrung stärkte sein Verständnis für die Bedürfnisse der Armen und inspirierte ihn zu noch größeren Anstrengungen für
ihre Rechte und ihr Wohlergehen.

*Die Wahrheit zu finden
ist nicht schwer,
sie zu akzeptieren oft.*

Das Zitat reflektiert die Herausforderung, mit der viele von uns konfrontiert sind, wenn wir mit unbequemen Wahrheiten konfrontiert werden. Es unterstreicht die Schwierigkeit, sich von unseren eigenen Vorurteilen, Ängsten und Widerständen zu lösen und die Realität anzuerkennen, selbst wenn sie unangenehm oder schmerzhaft ist.

Mahatma Gandhi war ein Mann, der sich der Wahrheit und der Selbstreflexion stets verpflichtet fühlte, auch wenn es unbequem war. Seine Philosophie der Wahrhaftigkeit (Satyagraha) ermutigte ihn, ehrlich zu sich selbst zu sein und die Wahrheit in allem zu suchen, was er tat.

Ein bedeutendes Beispiel für Gandhis Bereitschaft, die Wahrheit anzunehmen, war sein Bekenntnis zu seinen eigenen Fehlern und Fehlurteilen. Obwohl er ein Führer der indischen Unabhängigkeitsbewegung war, schämte sich Gandhi nicht, Fehler einzugestehen und aus ihnen zu lernen. Diese Fähigkeit zur Selbstreflexion und zur Anerkennung von Fehlern machte ihn zu einem noch mächtigeren und glaubwürdigeren Führer.

Gandhis Beispiel lehrt uns, dass die Wahrheit zu akzeptieren oft eine Frage der persönlichen Reife und des moralischen Mutes ist. Indem wir uns bemühen, unsere eigenen Vorurteile und Abwehrmechanismen zu überwinden, können wir einen Raum für Wachstum und Veränderung schaffen, der es uns ermöglicht, die Realität anzuerkennen und positive Veränderungen in unserem Leben und in der Welt herbeizuführen.

Ein guter Mensch ist derjenige,
der das Wohl anderer
über sein eigenes stellt.

Das Zitat drückt die Bedeutung von Selbstlosigkeit, Mitgefühl und sozialer Verantwortung aus. Es erinnert uns daran, dass wahre Größe und Güte darin besteht, sich um das Wohl und Glück anderer zu kümmern, selbst wenn es auf eigene Kosten geht.

Mahatma Gandhi verkörperte diese Idee in seinem Leben und Wirken auf beeindruckende Weise. Trotz der persönlichen Gefahren und Herausforderungen, denen er sich während seines gewaltlosen Kampfes für die Unabhängigkeit Indiens ausgesetzt sah, legte Gandhi stets großen Wert darauf, dass Wohl anderer über sein eigenes zu stellen.

Ein besonders herausragendes Beispiel für Gandhis selbstlose Hingabe war sein Einsatz für die Dalits, auch bekannt als "Unberührbare", die in der indischen Gesellschaft einer extremen Diskriminierung und Ausgrenzung ausgesetzt waren. Gandhi setzte sich energisch für die Rechte und Würde der Dalits ein und kämpfte gegen die Kastendiskriminierung, die sie erlebten. Er riskierte sein eigenes Wohl und wurde oft persönlich bedroht, aber er ließ sich nicht davon abhalten, das Richtige zu tun und sich für die Unterdrückten einzusetzen.

Gandhis Beispiel lehrt uns, dass wahre Größe und Güte darin besteht, sich für die Schwächeren und Bedürftigen einzusetzen, selbst wenn es Opfer erfordert. Indem wir unsere eigenen Interessen zurückstellen und uns für das Wohl anderer einsetzen, können wir dazu beitragen, eine gerechtere und mitfühlendere Welt zu schaffen, in der das Wohl aller Menschen geachtet und geschützt wird.

Der Geist ist stärker als das Schwert.

Das Zitat unterstreicht die Überlegenheit von Ideen, Überzeugungen und geistiger Stärke gegenüber physischer Gewalt oder militärischer Macht. Es erinnert uns daran, dass wahre Veränderung und Fortschritt durch den Geist und den Willen erreicht werden können, auch wenn äußere Umstände widrig erscheinen.

Mahatma Gandhi demonstrierte die Wahrheit dieses Zitats durch seinen Einsatz für die Gewaltlosigkeit als Mittel des politischen und sozialen Wandels. Während des indischen Unabhängigkeitskampfes setzte Gandhi konsequent auf gewaltlose Methoden des Widerstands und des zivilen Ungehorsams, anstatt auf bewaffnete Konfrontationen oder militärische Auseinandersetzungen.

Ein bemerkenswertes Beispiel für die Macht des Geistes über das Schwert war der Salzmarsch im Jahr 1930, bei dem Gandhi und seine Anhänger den illegalen britischen Salzmonopolgesetzen trotzten, indem sie Salz aus dem Meer gewannen. Obwohl der Marsch gewaltfrei war, zeigte er dennoch die Entschlossenheit und den Mut der indischen Bevölkerung, sich gegen die britische Herrschaft zu erheben. Die britische Regierung war gezwungen, auf die öffentliche Empörung zu reagieren und Zugeständnisse zu machen, was letztendlich den Weg für die Unabhängigkeit Indiens ebnete.

Gandhis Beispiel illustriert, dass die Stärke des Geistes und der Überzeugungen in der Lage ist, sogar die mächtigsten Feinde zu überwinden. Indem wir auf unsere inneren Werte und Prinzipien zurückgreifen und gewaltlose Methoden des Widerstands einsetzen, können wir positive Veränderungen bewirken und eine gerechtere Welt schaffen, in der Frieden und Harmonie herrschen.

Handle so,
als ob das,
was du tust,
einen Unterschied machen würde.
Denn es tut es.

Das Zitat ermutigt uns, bewusst und verantwortungsbewusst zu handeln, da unsere Handlungen tatsächlich einen Einfluss auf die Welt haben können, sei er auch noch so klein. Es erinnert uns daran, dass selbst die scheinbar unbedeutendsten Taten einen Unterschied machen können, und ermuntert uns, mit Absicht und Achtsamkeit zu leben.

Mahatma Gandhi lebte nach diesem Grundsatz und glaubte fest daran, dass jeder einzelne Mensch die Fähigkeit und die Verantwortung hat, Veränderungen herbeizuführen. Während seines Lebens setzte er sich für die Ideale der Gewaltlosigkeit, der Gerechtigkeit und der sozialen Reform ein und inspirierte Millionen von Menschen dazu, sich seinem gewaltlosen Kampf für Freiheit und Gerechtigkeit anzuschließen.

Ein bemerkenswertes Beispiel für Gandhis Überzeugung, dass individuelle Handlungen einen Unterschied machen, war sein Aufruf zum zivilen Ungehorsam und zur gewaltlosen Rebellion gegen das britische Kolonialregime in Indien. Obwohl die britische Herrschaft scheinbar unüberwindlich schien, glaubte Gandhi fest daran, dass die kollektive Kraft der Menschen Veränderungen bewirken konnte. Seine Vision und sein Beispiel mobilisierten eine ganze Nation und führten schließlich zur Unabhängigkeit Indiens.

Gandhis Leben lehrt uns, dass selbst die kleinste Handlung einen Dominoeffekt auslösen kann, der zu großen Veränderungen führt. Indem wir bewusst handeln und uns für das Gute einsetzen, können wir dazu beitragen, eine bessere Welt zu schaffen, in der Frieden, Gerechtigkeit und Mitgefühl herrschen. Jede einzelne Handlung zählt und kann einen positiven Einfluss auf unser Umfeld und die Gesellschaft haben.

Wo es Liebe gibt,
gibt es Leben.

Das Zitat drückt die grundlegende Bedeutung von Liebe als Quelle von Leben, Vitalität und Sinnhaftigkeit aus. Es betont die transformative Kraft der Liebe, die nicht nur individuelle Herzen berührt, sondern auch Gemeinschaften verbindet und die Welt zum Blühen bringt.

Mahatma Gandhi lebte nach dem Prinzip der bedingungslosen Liebe und glaubte fest daran, dass Liebe der Schlüssel zur Überwindung von Hass, Gewalt und Ungerechtigkeit sei. Sein gewaltloser Widerstand basierte auf der Idee der Liebe zu allen Menschen, unabhängig von ihrer Herkunft, Religion oder Kultur.

Ein eindrucksvolles Beispiel für die Kraft der Liebe in Gandhis Leben war sein Einsatz für die Versöhnung zwischen den religiösen Gemeinschaften in Indien während der Unabhängigkeitsbewegung. Obwohl Spannungen zwischen Hindus und Muslimen oft zu Gewalt und Konflikten führten, setzte Gandhi sich unermüdlich für interreligiösen Dialog, Verständigung und Zusammenarbeit ein. Seine Vision einer geeinten und harmonischen Gesellschaft, die auf Liebe und Toleranz basiert, inspirierte Menschen verschiedener Glaubensrichtungen dazu, sich für den Frieden einzusetzen.

Gandhis Leben lehrt uns, dass die Kraft der Liebe nicht nur individuelle Herzen heilen kann, sondern auch ganze Gesellschaften und Nationen transformieren kann. Indem wir Liebe in unser Denken, Reden und Handeln integrieren, können wir dazu beitragen, eine Welt des Friedens, der Harmonie und des gegenseitigen Respekts zu schaffen, in der das Leben in all seiner Fülle erblühen kann.

*Die Kunst des Lebens besteht darin,
zu lernen, wie man in Zeiten des
Sturms tanzt.*

Das Zitat verdeutlicht die Fähigkeit, flexibel und anpassungsfähig zu sein, selbst wenn wir mit Herausforderungen und Schwierigkeiten konfrontiert sind. Es erinnert uns daran, dass es nicht darum geht, den Sturm zu vermeiden, sondern darum, inmitten der Turbulenzen des Lebens einen Weg zu finden, weiterzumachen und sogar zu wachsen.

Mahatma Gandhi verkörperte diese Idee der Resilienz und Anpassungsfähigkeit während seines gesamten Lebens. Trotz zahlreicher Rückschläge und Hindernisse auf seinem Weg setzte er seinen gewaltlosen Kampf für die Unabhängigkeit Indiens und für soziale Gerechtigkeit fort. Er war sich bewusst, dass der Weg des Wandels oft von Konflikten, Widerständen und Rückschlägen geprägt ist, und dennoch fand er Wege, diese Herausforderungen zu überwinden und voranzukommen.

Ein bemerkenswertes Beispiel für Gandhis Fähigkeit, in Zeiten des Sturms zu tanzen, war sein Umgang mit Rückschlägen und Niederlagen während des indischen Unabhängigkeitskampfes. Obwohl er mehrmals verhaftet wurde und sein gewaltloser Widerstand oft auf Widerstand und Gewalt stieß, ließ sich Gandhi nicht entmutigen. Stattdessen nutzte er diese

Herausforderungen als Gelegenheit, seine Prinzipien zu festigen und neue Strategien zu entwickeln, um sein Ziel zu erreichen.

Gandhis Leben lehrt uns, dass die Fähigkeit, in Zeiten des Sturms zu tanzen, eine Frage der inneren Stärke, des Durchhaltevermögens und der Anpassungsfähigkeit ist. Indem wir lernen, flexibel und resistent gegenüber den Unwägbarkeiten des Lebens zu sein, können wir Krisen überwinden und gestärkt aus ihnen hervorgehen. Wir können lernen, den Tanz des Lebens zu genießen, auch wenn die Melodie manchmal unvorhersehbar ist und der Boden unter unseren Füßen zu schwanken scheint.

*Vergebung ist die Eigenschaft
der Starken.*

Das Zitat unterstreicht die Kraft und Größe, die darin liegt, anderen zu vergeben, selbst wenn es schwerfällt. Es betont die Fähigkeit, über Groll und Rachegefühle hinwegzukommen und stattdessen Mitgefühl und Verständnis zu zeigen.

Mahatma Gandhi praktizierte die Kunst der Vergebung in seinem eigenen Leben und ermutigte andere dazu, es ihm gleichzutun. Trotz persönlicher Angriffe, politischer Gegner und des Leidens, das er selbst erfuhr, setzte er sich für Vergebung und Versöhnung ein. Er glaubte, dass wahre Stärke darin liegt, anderen zu vergeben und Frieden zu schaffen, anstatt sich in einem endlosen Kreislauf von Hass und Vergeltung zu verfangen.

Ein bemerkenswertes Beispiel für Gandhis Vergebungsbereitschaft war sein Verhältnis zu den britischen Kolonialherren. Obwohl Gandhi und seine Anhänger unter der Herrschaft der Briten litten und oft Opfer von Gewalt und Unterdrückung wurden, rief er dennoch zur Gewaltlosigkeit und zur Versöhnung auf. Er sah die Briten nicht als Feinde, sondern als Menschen, die ebenfalls von ihrem Ego und ihren Vorurteilen gefangen waren, und erklärte, dass der Weg zum Frieden nur durch Vergebung und Verständigung führen könne.

Gandhis Beispiel lehrt uns, dass Vergebung nicht nur eine Frage des Mitgefühls ist, sondern auch ein Akt der Stärke und des Selbstbewusstseins. Indem wir anderen vergeben und alte Wunden heilen, können wir den Kreislauf von Leid und Hass durchbrechen und Platz für Frieden und Heilung schaffen. Es erfordert Mut und Entschlossenheit, aber die Belohnungen sind enorm: innere Ruhe, Harmonie und die Möglichkeit, eine bessere Zukunft aufzubauen.

*Ein Auge um Auge
macht die ganze Welt blind.*

Das Zitat drückt die zerstörerische Natur von Vergeltung und Rache aus. Es warnt davor, dass der Versuch, Unrecht mit weiterem Unrecht zu beantworten, letztendlich nur zu endlosem Leid und Konflikt führt. Statt auf Vergeltung zu setzen, betont das Zitat die Notwendigkeit von Versöhnung, Vergebung und Gewaltlosigkeit, um einen nachhaltigen Frieden zu erreichen.

Mahatma Gandhi lebte und lehrte die Prinzipien der Gewaltlosigkeit und des gewaltfreien Widerstands als Alternative zu Vergeltung und Rache. Während des indischen Unabhängigkeitskampfes rief er dazu auf, die Spirale der Gewalt zu durchbrechen und stattdessen auf gewaltlosen Widerstand zu setzen. Gandhi war sich bewusst, dass der Einsatz von Gewalt gegen die britische Herrschaft nur zu weiterem Leid führen würde und dass ein nachhaltiger Frieden nur durch Vergebung und Versöhnung erreicht werden könnte.

Ein herausragendes Beispiel für Gandhis Ablehnung von Vergeltung war seine Reaktion auf Gewalttaten gegen seine Anhänger während des indischen Unabhängigkeitskampfes. Obwohl viele seiner Anhänger Opfer von Angriffen und Repressalien wurden, rief Gandhi stets zur Gewaltlosigkeit und zur Vergebung auf. Er erklärte, dass der Einsatz von Gewalt nur zu einem Teufelskreis von Hass und Rache führen würde, der letztendlich alle blind machen würde.

Gandhis Beispiel lehrt uns, dass wahre Stärke darin liegt, den Zyklus der Gewalt zu durchbrechen und stattdessen auf Versöhnung und Vergebung zu setzen. Indem wir uns von Vergeltungsgefühlen lösen und Mitgefühl und Verständnis für andere zeigen, können wir dazu beitragen, einen nachhaltigen Frieden in der Welt zu schaffen.

*Gewalt ist die Waffe
des Schwachen,
der Stärke fehlt.*

Das Zitat betont die Ironie, dass Gewalt oft als Mittel der Durchsetzung von Macht und Kontrolle eingesetzt wird, wenn tatsächlich das Fehlen von innerer Stärke und Selbstbeherrschung dahintersteckt. Es unterstreicht die Schwäche und Unreife, die mit dem Einsatz von Gewalt einhergehen, und ermutigt dazu, Konflikte auf friedliche und konstruktive Weise zu lösen.

Mahatma Gandhi verkörperte die Ideale der gewaltlosen Widerstandskraft und des zivilen Ungehorsams als eine mächtige Alternative zur Gewalt. Er war fest davon überzeugt, dass der Einsatz von Gewalt lediglich die Schwäche des Geistes und den Mangel an innerer Stärke widerspiegelt. Während des indischen Unabhängigkeitskampfes rief er die Menschen dazu auf, sich gegen die britische Herrschaft mit gewaltfreien Mitteln zu wehren, und erklärte, dass wahre Stärke in der Fähigkeit liege, seinen Gegnern mit Mitgefühl und Gewaltlosigkeit zu begegnen.

Ein bemerkenswertes Beispiel für Gandhis Überzeugung, dass Gewalt eine Waffe der Schwachen ist, war seine Reaktion auf Provokationen und Angriffe während des Unabhängigkeitskampfes. Obwohl er persönlich bedroht und angegriffen wurde, behielt Gandhi stets seine Ruhe und setzte auf gewalt-losen Widerstand. Er erklärte, dass der Einsatz von Gewalt letztendlich zu noch mehr leid und Zerstörung führen würde und dass nur durch gewaltfreie Mittel ein dauerhafter Frieden erreicht werden könne.

Gandhis Beispiel lehrt uns, dass wahre Stärke darin liegt, sich der Versuchung zur Gewalt zu widersetzen und stattdes-sen auf gewaltfreie Mittel zur Konfliktlösung zu setzen. Indem wir unsere inneren Konflikte überwinden und uns für Mitge-fühl und Gewaltlosigkeit entscheiden, können wir dazu beitra-gen, eine friedlichere und gerechtere Welt zu schaffen.

Die Zukunft hängt davon ab,
was wir heute tun.

Das Zitat betont die Bedeutung von Handlungen im Hier und Jetzt für die Gestaltung der Zukunft. Es erinnert uns daran, dass unsere Entscheidungen und Taten von heute, direkte Auswirkungen auf das Morgen haben und dass wir durch bewusstes Handeln positive Veränderungen bewirken können.

Mahatma Gandhi lebte nach diesem Prinzip und ermutigte auch andere dazu, aktiv an der Gestaltung einer besseren Zukunft mitzuwirken. Während des indischen Unabhängigkeitskampfes war er sich bewusst, dass die Entscheidungen und Handlungen seiner Generation die Zukunft Indiens maßgeblich prägen würden. Er rief daher zur Einheit, zur Gewaltlosigkeit und zur Zusammenarbeit auf, um eine gerechtere und freiere Gesellschaft für kommende Generationen zu schaffen.

Ein bemerkenswertes Beispiel für Gandhis Fokus auf die Gestaltung der Zukunft durch gegenwärtiges Handeln war sein Engagement für Bildung und soziale Reformen. Er erkannte die Bedeutung von Bildung als Schlüssel zur Ermächtigung und Befreiung und setzte sich leidenschaftlich dafür ein, Bildung für alle zugänglich zu machen, unabhängig von Geschlecht, Kaste oder Religion. Durch die Gründung von Schulen, die Förderung von Alphabetisierungskampagnen und die Unterstützung von sozialen Reformen legte Gandhi den Grundstein für eine gerechtere und inklusivere Gesellschaft in der Zukunft.

Gandhis Beispiel lehrt uns, dass wir als Einzelne und als Gemeinschaft die Verantwortung haben, die Zukunft aktiv mitzugestalten. Indem wir heute positive Entscheidungen treffen und konstruktive Handlungen setzen, können wir dazu beitragen, eine Welt zu schaffen, die auf Frieden, Gerechtigkeit und Nachhaltigkeit basiert. Jede Handlung zählt und kann einen Unterschied machen für die Zukunft, die wir uns wünschen.

10 praktische Tipps, wie jeder auf einfache Weise die Philosophie und Lebensweise von Mahatma Gandhi in seinem Leben integrieren und praktizieren kann:

Gewaltlosigkeit praktizieren

Vermeide jede Form von Gewalt in Worten und Taten. Setze auf gewaltfreie Kommunikation und Konfliktlösung.

Mitgefühl zeigen

Bemühe dich, Mitgefühl und Verständnis für alle Lebewesen zu entwickeln. Behandle andere so, wie du selbst behandelt werden möchtest.

Einfachheit leben

Vereinfache dein Leben, reduziere unnötigen Besitz und konzentriere dich auf das Wesentliche. Weniger ist oft mehr.

Selbstreflexion praktizieren

Nimm dir regelmäßig Zeit für Selbstreflexion und innere Einkehr. Frage dich, ob deine Handlungen im Einklang mit deinen Werten und Prinzipien stehen.

Gemeinschaftssinn stärken

Engagiere dich in deiner Gemeinschaft und unterstütze andere Menschen, insbesondere die Bedürftigen und Benachteiligten.

Nachhaltigkeit fördern

Sei achtsam im Umgang mit Ressourcen und bemühe dich um einen nachhaltigen Lebensstil. Reduziere deinen ökologischen Fußabdruck, indem du Energie sparst, recycelst und umweltfreundliche Alternativen bevorzugst.

Vergebung üben

Praktiziere Vergebung gegenüber denen, die dir Unrecht getan haben. Lasse Groll und Rachegedanken los und öffne dein Herz für Heilung und Versöhnung.

Gemeinsame Entscheidungen treffen

Beteilige dich aktiv an demokratischen Prozessen und trage dazu bei, gerechte und inklusive Entscheidungen zu treffen, die das Wohl aller im Blick haben.

Bildung fördern

Setze dich für Bildung und Aufklärung ein, sowohl für dich selbst als auch für andere. Bildung ist der Schlüssel zur Befreiung und zur Entwicklung einer gerechten Gesellschaft.

Für Frieden und Gerechtigkeit eintreten

Stehe für Frieden, Gerechtigkeit und Freiheit ein, sowohl lokal als auch global. Sei eine Stimme der Vernunft und des Ausgleichs in einer Welt voller Konflikte und Ungerechtigkeiten.

Indem du diese praktischen Tipps in deinem täglichen Leben umsetzt, kannst du dazu beitragen, die Philosophie und Lebensweise von Mahatma Gandhi lebendig zu halten und die Welt zu einem besseren Ort für alle zu machen.